ルートヴィッヒ=フォイエルバッハ

フォイエルバッハ

●人と思想

宇都宮 芳明 著

70

CenturyBooks 清水書院

フォイエルバッハについて

晩秋に札幌からミュンヘンに到着した私は、冬が去り、春の若葉が萌え出る頃をまって、一日ニュルンベルクをたずねることにした。ニュルンベルク郊外のレッヘンベルクはフォイエルバッハ終焉の地であり、そこにフォイエルバッハの記念碑があること、またニュルンベルクのヨハンニス墓地というところにフォイエルバッハの墓があることを知っていたからである。つまりニュルンベルク行は、フォイエルバッハ詣でであった。

ミュンヘンから急行で二時間半あまり、ニュルンベルクの駅に降り立った私は、まず駅の案内所をたずね、受付の若い女性にフォイエルバッハの記念碑を見たいと告げ、そこに行く経路をきいた。しかしこの女性は、記念碑はおろか、フォイエルバッハの名も知らない様子で、あきらめて立ち去ろうとしたら、隣でやりとりを聴いていた客の老婦人が、記念碑なら私の住いの近くで知っている、市電に乗ってシュライエルマッハー通りというところで降りなさい、と親切に教えてくれ、おまけに市電の乗り場まで私を案内してくれた。

さて、シュライエルマッハー通りに着いたが、今度はどちらの方向に歩いていったらよいかわからない。通りすがりの郵便配達のひとにきいたら、自分は知らない、あそこのガソリン－スタンドできけと言う。停留所前のガソリンースタンドの主人も、フォイエルバッハの記念碑かどうか知らないが、裏の丘の上にそれらしきものがあると言うので、停留所から歩いてわずか五分ほどの丘に登ると、まさしくそこにコンクリート製の碑が立っていた。私が探していたフォイエルバッハの記念碑であった。

碑は高さ二メートル、幅三メートル、厚さ一メートル位、横長の楕円柱で、正面には『人間は自らの姿に似せて神を創った』、裏面には『人間のために善をなせ』という言葉が刻まれ、右側面には『自由思想家ルートヴィッヒ＝フォイエルバッハを記念して』、左側面には『一八〇四——一八七二』とフォイエルバッハの生没年が記されている。「人間は自らの姿に似せて神を創った」とは、聖書の「神は自らの姿に似せて人間を創った」のパロディであることはもちろんだが、このパロディがはたしてこのままの形でフォイエルバッハの著作のなかにあったかどうか、私の記憶はさだかでない。この記念碑は、レッヘンベルク在住のカトリックでもプロテスタントでもない「自由思想家」たちによって建てられたとのことであるが、もしかしたらかれらが創作したパロディかもしれない。

それはともかくとして、フォイエルバッハの思想を一行で要約するとすれば、たしかに「人間は自らの姿に似せて神を創った」ということになろう。だがこの言葉を安易に受けとめて、フォイエルバッハは無神論者であったとか、唯物論者であったといった工合に、簡単に割り切ってしまうことは禁物である。フォイエルバッハが神の存在をたんに否定するだけの無神論者であったなら、人間と神との関係をあれほどまでに徹底して追究しはしなかったであろうし、『キリスト教の本質』という大部の書物を書く必要もなかったであろう。私は本文のなかで、これまでフォイエルバッハに貼られていた無神論者とか唯物論者といったレッテルをまずはがした上で、フォイエルバッハをひとりの個性的な思索家として画き出そうと努力した。読者もどうかレッテルや簡単な標語に惑わされないように注意してほしい。

レッヘンベルクは、フォイエルバッハが住んでいた頃は都市郊外の農地であったが、いまはニュルンベルク市に繰り込まれた住宅地であり（それにつれてレッヘンベルクという地名も消えた）、丘を取り巻いて瀟洒《しょうしゃ》な住宅が立ち並んでいる。それでも丘の上から見下ろすと、戦後の建築とは思われない古びた家もいくつかあるので、散歩している近所の二、三のひとにたずねてみたが、かつてフォイエルバッハが住んでいた家を知っているひとは誰もいなかった。記念碑はあっても、家はとっくに取り壊されてしまったのであろうか（後で知ったことだが、この家はすでに一九一六年に取り壊されていた）。記念碑のほかに、「フォイエルバッハ通り」という通りがあると教えてくれたひとがいたので、丘を降りてその名の通りに出てみたが、そこはもう街中で、車があわただしく行き交い、昔をしのぶよすがもない。フォイエルバッハの名を記した道路標識を写真に収めて、ヨハンニス墓地にむかうことにした。

ヨハンニス墓地は、城壁と堀で囲まれた旧市内の西北端にある城門を抜け、西にむかって一キロばかり歩いたところにある。レッヘンベルクの住宅地とは違って、ややごみごみとした街のなかで

ノイエ－ピナコテークにある甥アンゼルムの絵

ある。この墓地にはニュルンベルクにゆかりのある有名なひとびとが眠っていて、ドイツの旅行案内書『ベデカ』にも墓地の見取図があって、フォイエルバッハのほかにも、画家デューラーや、ヴァーグナーの歌劇『マイスタージンガー』の主人公ハンス＝ザックスなどの墓の位置が記されている。私はこの見取図をたよりに、フォイエルバッハの墓にたどりついた。だが墓標を見ると、なんとそれは甥の画家アンゼルム＝フォイエルバッハの墓ではないか。

アンゼルム＝フォイエルバッハは、日本ではあまり知られていないかもしれない。しかしドイツでは有名な画家で、ミュンヘンにある一八世紀以降の絵画を集めた美術館「ノイエ－ピナコテーク」にも数点の作品があるし、シャックという貴族が集めた絵画を展示している「シャック－ギャラリー」では、二階の中央にある一室がすべてフォイエルバッハの絵によって占められている。つまりドイツ人にとっては、フォイエルバッハと言えば、ルートヴィッヒよりも画家アンゼルムの方が有名なのである。

アンゼルムの墓のまわりを探してみたが、ルートヴィッヒの墓は見当たらない。私はここでもたずねてみることにして、一つ一つ墓標を見ながら歩いている中年の紳士に声をかけた。そのひともまた実に親切で、わざわざ墓守のところへ行って所在をきき、私を墓の前まで連れて行ってくれた。

ルートヴィッヒ＝フォイエルバッハの墓は、墓域の東南の隅近くにある。墓標には名前と生没年が記され、特徴のある横顔のレリーフがその下にあるだけで、いたって簡素な墓である。誰が供えたのか、芽を吹いた猫柳の枝が数本、墓標の上に置かれていた。多くの墓が色とりどりの花で飾られているのに、ここには寂しい風景があるだけである。私はしばらくたたずんで、この寂しい風景を眺め、もときた道を引き返して、城廓内に戻った。ひとびとは広場や路上に並べられたテーブルにつき、ビールを飲みながら、午後の陽射しを楽しんでいた。

フォイエルバッハが世を去って、すでに百年以上の歳月がたっている。一八七二年、ヨハンニス墓地でフォイエルバッハの埋葬に参列した二万人ものひとも、みな過去のひとになった。百年後に私がニュルンベルクで出会ったひとで、フォイエルバッハの名を心にとめているひとがいなかったのも、無理からぬことであろう。フォイエルバッハはいま、ひっそりと墓地の一角に眠っている。ニュルンベルクの住民にとっては、フォイエルバッハはもう過去のひとである。

では、フォイエルバッハの思想もまた、過去のものになってしまったのだろうか。フォイエルバッハ

フォイエルバッハの墓
（中央）　著者撮影

の名を哲学史上にとどめるのに貢献したのは、なんと言っても、マルクスやエンゲルスであろう。しかしマルクスもエンゲルスも、生前すでにフォイエルバッハの思想を過去の思想として扱っていた。フォイエルバッハの思想は、ヘーゲルからマルクス主義哲学への発展過程の途上に位置し、マルクス主義を準備した点では意義があるが、その思想内容は不充分で欠陥があり、マルクス主義の立場からは克服されるべきものとして、あるいはすでに克服されたものとして、そうした意味で過去のものとして、評価されるのである。

このフォイエルバッハ解釈は、完成したマルクス主義の立場からすれば、もっともな解釈であろう。しかしこうした見方が、フォイエルバッハの思想を捉える唯一の見方でないこともたしかである。すでにふれたように、私はこの小著のなかで、フォイエルバッハをひとりの個性的な思索家として扱った。個性は歴史のなかから生まれるが、しかしもはや歴史の流れのうちに解消できない、歴史を超えた性格をもつ。と言うことは、個性的な思想はそれを生んだ時代に囚われることなく、来たるべきいつの時代にもよみがえるということである。したがってそれは、現代の哲学することに対しても貴重な指針を提供してくれるはずである。この点に関して、私は実に多くのものをフォイエルバッハから学ぶことができた。私がなにを学んだかは、本文を読まれた読者にはおわかりいただけると思うので、回想記をかねた序文はこのくらいにして、本文に入ることにしよう。

一九八一年六月　　ミュンヘンの仮寓にて

目次

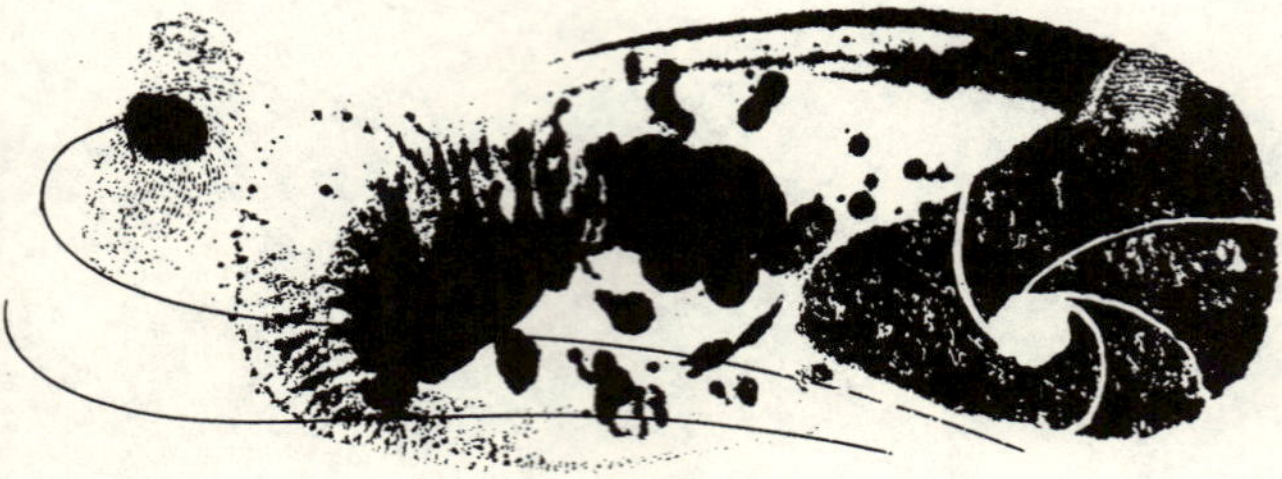

Ⅳ 晩年と影響

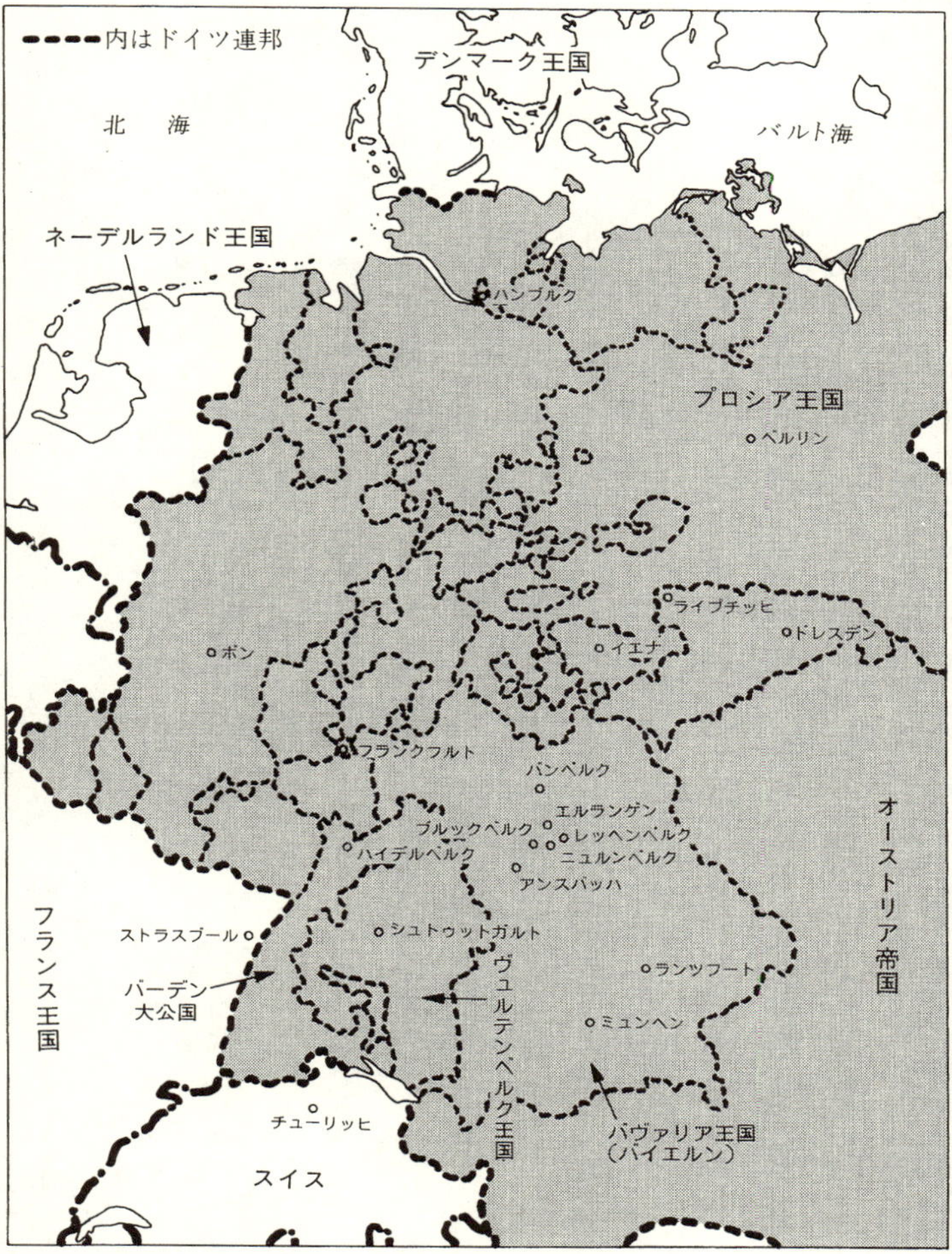

内はドイツ連邦
デンマーク王国
北　海
バルト海
ネーデルランド王国
ハンブルク
プロシア王国
ベルリン
ライプチッヒ
ドレスデン
イエナ
ボン
フランクフルト
バンベルク
エルランゲン
ブルックベルク
レッヘンベルク
ニュルンベルク
ハイデルベルク
アンスバッハ
オーストリア帝国
フランス王国
ストラスブール
シュトゥットガルト
ヴュルテンベルク王国
ランツフート
バーデン大公国
ミュンヘン
チューリッヒ
バヴァリア王国（バイエルン）
スイス

1815～66年のドイツ

I

修業の時代

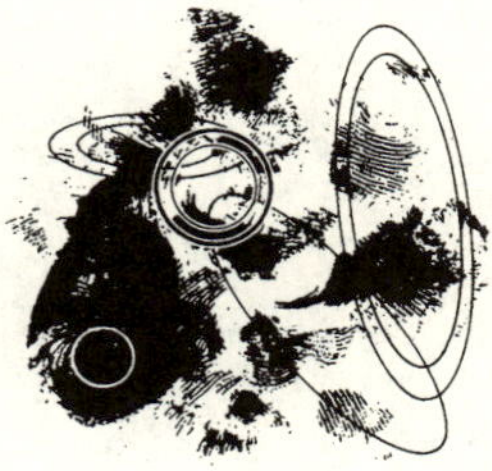

生い立ち

フォイエルバッハの誕生と家族　ドイツ連邦共和国（西ドイツ）の南に拡がるバイエルン地方の中心地は、オーストリアとの国境に近い大都市ミュンヘンであるが、この都市を貫いているイザール河の流れにそってさらに東北へと七〇キロほど行くと、ランツフートという人口五万程度の小都市に到着する。この書物の主人公ルートヴィッヒ＝アンドレアス＝フォイエルバッハは、一九世紀のはじめ、正確には一八〇四年七月二八日、イザール河畔のこの都市で生まれた。

父親パウル＝ヨハン＝アンゼルム＝フォン＝フォイエルバッハ（Paul Johann Anselm von Feuerbach, 1775—1833）は、イエナ出身の著名な刑法学者で、刑罰を犯罪者懲罰の手段と考えるべきではなく、あくまでも将来の犯罪を予防する手段と考えるべきであるという、当時としては革新的な刑法観の持主であった。かれは若い頃に発表した著書によって学界の注目を浴び、一七九九年にはイエナ大学の講壇に立ち、その後キール大学に移ったが、わずか三学期間教えただけで、一八〇四年にミュンヘン大学の前身であるランツフート大学に移り、この地でフォイエルバッハの誕生を迎えたのであった。

父親がプロテスタントであったにもかかわらず、ランツフート生まれのこの息子は、カトリックの儀式にしたがって洗礼を受けた。当時この地方を支配していたバイエルン侯国は、古くからカトリックの国として知られ、カトリック教徒以外の者は住むことができなかった。一八〇〇年になってようやく信仰の自由が認められ、カトリック教徒でない者も定住が許されることになったが、長年にわたって培われてきた宗教的伝統は、そう簡単には変化しなかった（一九八〇年代の現在でも、カトリックは依然として強力である）。父親が息子にカトリックの洗礼を受けさせたのも、そうした国情や、大学の同僚がほとんどカトリック教徒であることを顧慮したからであろう。実際、フォイエルバッハの父親は、プロテスタントであったために、その後もさまざまな迫害や試練を受けることになるのである。

現在のランツフート

竹内昭氏撮影

一方、主人公の母親ヴィルヘルミーネ＝トレースターは、イエナ近郊のドルンブルクの出で、これまた著名な法学者を先祖に持つ法律家の娘であり、一七九七年に二三歳のパウルと結婚し、その後二人の間に一〇人の子供を設けたが、二人は夭折《ようせつ》し、五人の息子と三人の娘が成長した。しかもその息子たちはそろいもそろって英才の持主であり、フォイエルバッハ家の将来はまことに前途洋々であった。

主人公のフォイエルバッハは、五人の兄弟の四番目に当たる。一番上の兄ヨーゼフ＝アンゼルム（Joseph Anselm Feuerbach, 1798—1851）は、長じてはギリシアの古典や美術を研究し、フライブルク大学の古典文献学の教授に就任した。『ヴァチカンのアポロ』といった名著がある。ちなみに、序文でふれたドイツ新古典主義派の画家アンゼルム＝フォイエルバッハは、このヨーゼフ＝アンゼルムの息子である（祖父も父もアンゼルムなので、とり違えないように注意）。

二番目の兄カール＝ヴィルヘルム（Karl Wilhelm Feuerbach, 1800—34）は、上の兄とは畑違いの数学の分野に進み、エルランゲンの高等学校で数学を教えるかたわら、今日でもなお有名な「フォイエルバッハの定理」を完成した。三番目の兄アウグスト＝エドワルト（August Eduard Feuerbach, 1803—43）はキールで生まれたが、この兄のみが父の勧告にしたがって法学を学び、後にエルランゲン大学の法学教授になった。フォイエルバッハの弟フリードリッヒ（Friedrich Feuerbach, 1806—80）は、はじめはフォイエルバッハと同じように神学を研究したが、のちに文献学と東洋文学の領域に転じた。この弟は尊敬する兄フォイエルバッハの思想に傾倒し、のちにフォイエルバッハの思想をひろく世間に紹介するのに活躍した人物である。

「ヴェスヴィオス」

父親パウルは、立派な学者ではあったが、家族が蔭で「ヴェスヴィオス」（イタリアにある活火山）とよんで恐れていたように、怒りっぽくて衝動的な性格の持主であった。ランツフートで講義をはじめてから一年ちょっとしかたたないのに、たまたまかれの学説を批判したドクター論文が提出され、審査会でその論文を公然と擁護した同僚がいたことに立腹したかれは、ただちに辞職を決意した。大学を去ったかれは、一八〇六年、家族を引き連れてミュンヘンに移り、バイエルン王国（この年バイエルンは侯国から王国となる）司法省の顧問官として、刑法典改正の仕事に従事することになった。七年後の一八一三年、バイエルン刑法典が公布されたが、これはドイツ法制史に名をとどめる画期的な出来事であり、刑法学者フォイエルバッハはその功によって貴族に列せられた。しかしここでもかれは反対派を敵にまわすことになり（かれの性格が災したこともあろう）、翌年にはバンベルクの高等裁判所副長官に左遷され、一家はバンベルクに移った。

　すでにミュンヘンで初等教育を受けはじめていた本書の主人公は、このバンベルクの上級国民学校に二年間在学することになる。そこでの成績表は今日でも保存されていて、それによると、ルートヴィッヒは、「その明朗な性格、そのきちょうめんさ、きわめて冷静でおだやかな性質、立派な道徳的態度と熱心な勤勉によってきわだっている」申し分のない生徒であった。もっともこれほどベタほめなのは、ルートヴィッヒが副長官の御子息であることを意識しての讃辞であったのかもしれない。

父親パウル＝ヨハン＝アンゼルム＝フォイエルバッハ

　父パウルは、一八一七年、アンスバッハの高等裁判所長官に任命され、またまたバンベルクから一〇〇キロほど離れたアンスバッハに赴任した。しかし今度は、一家の上にも大きな変動が生じた。というのも、パウルはミュンヘンにいた頃から親友の妻ナンネッテ＝ブルンナーと相思相愛の仲になっていたが、パウルの妻がこのことに気づき、二人はついに別居することになったからである。パウルはナンネッテ＝ブルンナーと息子たちをつれてアンスバッハに移り、パウルの妻は三人の娘とともにバンベルクにとどまった。つまりルートヴィッヒはアンスバッハで父親とその愛人とともに暮すことになったわけで、かれはこの複雑な家庭環境のもとで、当地の高等学校（ギムナジウム）に入学した。父親の家父長としての権力はなお絶大であり、ルートヴィッヒはすなおにそれにしたがったが、ときどきは父の許しをえてバンベルクに行き、母や妹たちと打ちとけた生活を楽しんだ。思春期の日々はこうして過ぎたが、一八二一年一一月にナンネッテ＝ブルンナーが急死し、五年にわたる両親の別居生活は終わった。二人は和解し、フォイエルバッハ家は一家だんらんの生活を取り戻したのである。

アンスバッハの高等学校
岡田雅勝氏撮影

ナポレオン時代

さて、ここでフォイエルバッハの家庭から眼を転じて、当時のドイツの歴史的状況を眺めてみることにしよう。

フォイエルバッハが生まれた一八〇四年という年は、ナポレオンがパリで皇帝の位についた年である。ナポレオンが登場するまで、ドイツには神聖ローマ帝国という別称をもつ帝国が存在していた。もっとも、ドイツ帝国と言っても、実際には三〇〇以上の小領邦国家から成り、最大のオーストリア帝国のハプスブルク家がドイツ皇帝の地位についていたが、その威令が及んでいたのはオーストリア帝国内だけで、それ以外の領邦国家はそれぞれ独立した主権国家として軍隊をもち、互いに他を牽制しあっていた。しかしナポレオンの台頭とともに、神聖ローマ帝国は崩壊する。一八〇五年、ナポレオンに対抗するため、イギリス、ロシア、オーストリアの間に第三回対仏大同盟が成立し、ネルソンがひきいるイギリス艦隊はトラファルガー沖でフランス・スペイン連合艦隊を撃破したが、陸上では逆にオーストリア軍がウルムの会戦で大敗し、ウィーンに入城したナポレオンは、さらにアウステルリッツでロシア・オーストリア連合軍を破り、決定的な勝利をおさめた。

オーストリアは対仏同盟から脱落し、一八〇五年の暮、フランスとの間にプレスブルクの平和条約が結ばれた。その結果、オーストリアはそれまでドイツやイタリアで所有していた権益をすべて失うが、それに追い打ちをかけるように、一八〇六年、バイエルン王国など一六の領邦が神聖ローマ帝国を離脱し、ナポレオンを保護者としてライン連邦を結成した。こうして神聖ローマ帝国は名実ともにこの地上から姿を消すのである。

オーストリアにかわって、今度は北ドイツの雄プロシアが、イギリス、ロシアと第四回対仏大同盟を結び、フランスに挑戦した。しかしプロシア軍も、当時はなお旧装備のままで、意気揚るフランス軍の敵ではなかった。プロシア軍を破ったナポレオンは、プロシアの首都ベルリンに入城し、さらに兵をポーランドに進めてロシア軍を撃破した。一八〇七年七月、フランスはロシアとプロシアとの間にティルジット講和条約を結んだが、プロシアはこの条約によって一挙に国土と人口の半分を失い、莫大な賠償金を課せられて、破滅寸前の状態に追い込まれた。フランス軍占領下のベルリンにおいて、国の将来を案じた哲学者フィヒテ（Fichte, 1762—1814）が、『ドイツ国民に告ぐ』の連続講演を行い、打ち拉《ひし》がれた民衆の心を鼓舞したことは、あまりにも有名である。

だがナポレオン制覇の時代も、この頃を頂点として、次第に下降線を画くことになる。すでにその翌年にはスペインで反仏運動が活発になり、ナポレオンはこれに手を焼くが、やがてロシア皇帝アレクサンドル一世との間にも亀裂が生じ、一八一二年、ナポレオンは四五万の兵をひきいてロシアに侵入、退却するロシア軍を追ってついにモスクワを占領した。しかしナポレオンの進撃もここまでであった。ロシア側の放火によってモスクワは四日間燃えつづけ、灰燼《かいじん》に帰した。冬を越せなくなったフランス軍は撤退しはじめ、ロシアのコサック兵がこれを襲った。辛ろうじてロシアから逃げ帰ったフランス兵は、三万にすぎなかった。

ロシアの勝利を見て、プロシアもオーストリアもフランスに宣戦する。ライプチッヒでのいわゆる「諸国民の戦」に勝利をおさめた連合軍は、余勢をかってフランス本土に入り、一八一四年三月末パリに入城、ナポレオンは退位してエルバ島に流された。その後、島を脱出したナポレオンがパリに戻るという事件があったが、これは文字通りの百日天下に終わり、ワーテルローの戦に大敗したナポレオンは、大西洋上の孤島セントーヘレナに流され、はなやかな色彩でいろどられたナポレオン時代は完全に幕を閉じた。

動乱の時代に

ナポレオンの百日天下に先立って、ウィーンではすでに戦後処理の会議が開かれていた。九〇の王国、五三の公国の代表が参加したこの会議は、ある将軍が「会議は踊る、されど進まず」と語ったように、ダンスと宴会に明け暮れ、遅々として進まなかった。しかし議長役をつとめたオーストリアのメッテルニヒの手腕と、敗戦国フランスに栄光を取り戻そうとするフランス外相タレイランの努力によって、九か月かかった会議もようやく決着した。

とにもかくにも、これによってウィーン体制とよばれる国際秩序が成立したが、その結果ドイツでは、すでにナポレオンの時代から統合が進められてきた三五の君主国と四自由市が集まり、「ドイツ連邦」が結成された。しかしこのドイツ連邦も統一国家とは言えず、独立国のいわば連合体で、中央政府も元首もなく、フランクフルトに連邦議会が設けられたが、その議長国は依然としてオーストリアであった。ドイツが統一国家を形成するまでには、その統一国家の範囲をどう定めるかをめぐって、まだ紆余《うよ》曲折《きよくせつ》があった。一つはオーストリアを含めて統一国家を作るという考えで、これは大ドイツ主義とよばれ、いま一つは多民族国家のオーストリアを排除し、プロシア中心にドイツ民族だけからなる統一国家を作ろうという考えで、これは小ドイツ主義とよばれた。

一八六二年、プロシアの首相となったビスマルクは、小ドイツ主義による国家統一をめざして活動を開始する。一八六六年に勃発したプロシアとオーストリアの間の戦争は、わずか七週間で近代装備を誇るプロシア軍が圧勝し、翌年のプラーハ平和条約によって「ドイツ連邦」は解体し、新たにマイン河以北の二二の邦国が合体して、プロシアを盟主とする「北ドイツ連邦」が誕生した。勢いにのったプロシアは、一八七〇年にはフランスを相手に戦争をはじめ、セダンでナポレオン三世軍を包囲、これを屈服させることによって、念願のドイツ統一を達成した。すなわち北ドイツ連邦はさらに南ドイツのバイエルン、ヴュルテンベルク、バーデン、ヘッセンの四国を加えて「帝国」と改名し、フランスからえたエルザス・ロートリンゲンをその直轄領としたのである。

一八七一年一月一八日、ヴェルサイユ宮殿の鏡の間で、プロシア王ウィルヘルム一世はドイツ皇帝の冠を受けた。ドイツ民族の悲願であった統一は、こうしてプロシアの「鉄と血」によって達成されたのである。このときフォイエルバッハは、すでに不治の病いの床にあった。フォイエルバッハがその生涯を終えたのは、ドイツ帝国が発足した翌年、すなわち一八七二年である。神聖ローマ帝国の滅亡から新生ドイツ帝国の誕生まで、フォイエルバッハの一生はドイツの統一をめぐる動乱の時代であった。フォイエルバッハが生まれ育ったバイエルンは、オーストリアとプロシアという二大強国にはさまれ、ある時はフランスを、ある時はオーストリアを盟主と仰いだが、帝国誕生とともにプロシアの威令のもとに置かれることになる。フォイエルバッハは、祖国バイエルンとともに、この苦難の時代を歩んだのであった。

ブルシェンシャフト運動

話はウィーン会議が閉幕した年、つまりフォイエルバッハがまだ上級国民学校の生徒であった一八一五年に戻る。この年、ナポレオンの桎《しっ》梏《こく》から解放されたドイツで、大学生たちが新しい学生運動を開始した。それまでドイツの各大学には、出身領国別の学生団体があり、新入生はそれに加盟して郷土の先輩たちと連帯を深めるという習わしがあった。しかしまずイエナ大学の学生たちがこうした地方主義をすて、ドイツの精神的統一と学問の自由を旗印として、統一した学生団体をつくりあげた。つまり「ドイツ人の祖国は全ドイツである」ということをその綱領としたのである。ブルシェンシャフトとよばれるこの学生団体の運動は、ほどなく全ドイツの大学に波及し、全国的な組織にまで成長した。イエナ大学のフリース（Fries, 1773—1843）のように、この運動を積極的に支持する大学教授もあらわれた。

一八一七年一〇月、学生たちはザクセン－ワイマール大公の許しをえてワルトブルク城の大広間を借り、ルターの宗教改革三百年祭と、四年前のライプチッヒの戦勝を記念する大会を開いた。この集会にはドイツ各地から数多くの学生が集まり、また当時の学生たちに人気のあったヤーンという体育会の指導者や、学生の運動に好意をもつ何人かの大学教授も参加した。学生たちは小邦国に分断されているドイツの現状に悲憤慷慨《ひふんこうがい》し、ドイツの統一と自由のために戦うことを誓いあった。祝宴がクライマックスに達すると、学生たちは法王の破門状を焼き捨てたルターの故事にならって、祖国の自由と統一の妨げとなる書物をかがり火に投げこんだりした。全ドイツ学生組合の設立が宣言されたのも、この集会においてである。

メッテルニヒ

ドイツの小邦国を事実上支配していたオーストリアのメッテルニヒが、こうした学生運動を苦々しく思っていたことは言うまでもない。かれはこの運動を弾圧する機会をねらっていたが、ついにその好機が到来した。一八一九年、学生運動に対してたえず挑戦的であった劇作家コッツェブーが、マンハイムで、ギーセン大学の急進派学生カール＝ザントによって刺殺されたのである。コッツェブーはドイツにおけるロシア側の文化使節であり、ドイツ国内の事情をロシアに通報する任にあたっていたが、こうした活動が若いザントを刺激したのであろう。

メッテルニヒはさっそく当時の警視総監ヴィトゲンシュタインと相談し、保養地で有名なカールスバードで会議を開き、一連の自由主義弾圧法を決議し、これを公布した。これによって、大学には一種の大学警察が置かれ、出版に関してはきびしい検閲制度が設けられることになった。もちろん学生組合は解散させられ、中央の情報機関によって自由主義者と目される学生や教師のブラックーリストが作成された。リストにのった人物の行動には、たえず警察の眼がつきまとった。メッテルニヒの反動体制はこうした諸制度によってますます強固となり、統一と自由を求める学生たちの声は圧殺されたのである。

高校生フォイエルバッハ

一八二〇年一〇月というと、フォイエルバッハが一六歳の時であるが、この頃フォイエルバッハがバンベルクに住む母親に出した手紙が残っている。それによると、フォイエルバッハはこの月アンスバッハを発って旅行に出、フライブルクで大学生活を送っている二番目の兄カールをたずね、そこで五日ほど滞在し、フランスのストラスブールまで足をのばした。ストラスブールでは、フォイエルバッハが着ていた「古代ドイツ風の服装」のために、いたるところでフランス人たちの物笑いにされたらしい。兄と別れて旅行を続けたフォイエルバッハは、ライン河にそって北上し、マンハイムを訪れた。

「……マンハイムでは、私たちは午後の半日滞在しました。私たちはまた墓地へも行き、そして勇敢なザントが葬られて横たわっている場所を見ました。しかしその場所はまったく平らであり、ただ一面に草が生えていました。私たちはたくさんの草を引き抜きました。私はその草のうちほんの少しを母上にお送りします。母上もまた、この〈ドイツの若者〉を愛されていたからです。私たちはまた、コッツェブーの墓と、ザントが処刑された場所とを見ました。私たちはそこからハイデルベルクをこえて、アンスバッハに戻りました。」

前年に起こったコッツェブー事件は、高等学校の生徒だったフォイエルバッハにも、大きな影響を与えたことがわかる。ザントの〈義挙〉に感激した母親もまた、息子の手紙に封入された枯草を見て、感激を新たにしたことであろう。こうした心づかいにも示されているように、フォイエルバッハは、別居している母親や妹たちの身の上をつねに案じていた。翌年の母親あての手紙では、妹たちが熱心に聖書を読むように指導してほしいと伝えている。

「なぜなら、聖書はあらゆる書物中の書物であり、私たちのもっとも貴重な財産ですし、ただ聖書だけが私たちを幸福にし、私たちを浄福にし、私たちに満足を与えてくれるからです。私が忠告することを許していただけるなら、母上は妹たちにたとえば旧約聖書における美わしい『トピア書』、あるいは『マタイによる福音書』第五、六、七章の立派で美わしい〈キリストの山上の垂訓〉、または『シラク書』を講義してやって下さい！」

後にフォイエルバッハ自身が記した回想によると、フォイエルバッハは一六歳の頃から宗教に対してとりわけ深い関心を懐くようになった。「私はいまでもよく覚えているが、このような宗教的関心は、自分にまったくなんの興味をもよび起こさなかった宗教教育や堅信礼教育、またそのほかの宗教的薫陶《くんとう》が生み出したものではなかった。それは純粋に私の胸からわき出たのであり、私のまわりの者も、高等学校の教育も決して与えないような、あるものに対する自分自身の欲求から生まれたのである。この志向のおもむく結果、私は宗教を生涯の目標と天職にえらび、神学者になろうと決心したのである。」

高校生のフォイエルバッハは、それ以来、聖書を熱心に勉強した。神学者になるためには、ヘブライ語も勉強しなければならない。フォイエルバッハは高校でのヘブライ語教育だけでは満足せず、ラビとよばれるユダヤ人の聖職者について、とくに個人教授を受けるまでになった。このラビはヴァッサーマンという人で、フォイエルバッハは年頃の同じその息子ともすっかり仲良くなり、逆にかれにラテン語を教えたり、ユダヤ人であるということから生ずるさまざまな迫害からかれを護ってやったりした。この息子が伝染病にかかり、仲間が誰一人近づこうとしなかった時も、フォイエルバッハだけはかれの枕許についてかれを慰め、激励したのである。

母と離れて父のもとで高校生活を送っていたフォイエルバッハにとって、よろこばしい転機が訪れた。すでに述べたように、父親が愛人の突然の死によって、母親との別居を解消し、一家はふたたびだんらんの日を取り戻したのである。高校を卒業したフォイエルバッハは、まだ自分で勉強することがあるという理由で、大学への入学を一年延期した。しかしこれはおそらく、しばらく別れていた母親と一緒の生活をすこしでも引きのばしたいというフォイエルバッハの気持から出たものであろう。ともあれ、フォイエルバッハは、両親の仲直りで、心の隅にたえず巣くっていた憂欝な気分を吹きとばすことができた。一年間たっぷり母親の乳を吸い、心身ともに充実したフォイエルバッハは、立派な神学者になることをめざして大学の門をくぐったのである。

大学時代

ハイデルベルクへ　一八二三年、一九歳のフォイエルバッハは、日本人もよく知っている有名なハイデルベルク大学に入学し、その神学部に籍をおいた。新しい環境のもとで、フォイエルバッハは、父親が心配して過労にならないようにと手紙で注意するほど熱心に勉学に励んだ。かれは、大学生、とりわけハイデルベルクの大学生につきものの乱ちき騒ぎにはいっさい加わらず、また学生団体にも加入しないで、ひたすら自分の貴重な時間を学問に注ぎこんだ。大学では主として、教会史家のパウルス（Paulus, 1761—1851）の講義と、ダウプ（Daub, 1765—1836）の教義学の講義とを聴講した。

フォイエルバッハは、パウルスの講義にはあまりひかれなかったようで、父親にあてた手紙のなかでも、「パウルス先生の講義はさまざまな詭弁《きべん》からなる〈クモの巣〉以上のなにものでもありません」という酷評を下している。一方、ダウプ教授の講義のほうは、フォイエルバッハを完全に魅了した。フォイエルバッハは父親に、「ここではダウプ先生が私をまったく満足させ、私を完全に要求し、全心をもって私をとらえる唯一の人です」と書き、ダウプは大学の教師としてもっともふさわしい人だという賞讃の言葉をつらねている。

ダウプ

ところでこのダウプ教授は、ヘーゲル哲学の熱烈な支持者であった。一八一六年、ヘーゲル(Hegel, 1770~1831)はニュルンベルクの高等学校長であったが、ダウプの熱心な勧誘に応じて職を辞し、ハイデルベルク大学の教授に就任した。ヘーゲルはベルリン大学へ移るまでの二年間を、ダウプの同僚としてハイデルベルクで過ごし、『エンチクロペディ』に代表されるかれの哲学体系を完成したのである。ダウプはヘーゲルがベルリンに去った後も、ヘーゲルの著作の研究に没頭した。かれはある年には「神学的道徳の研究への序論」という講義題目をかかげてヘーゲルの『精神現象学』の講義をしたり、この講義のための手ほどきを印刷したりして、学生たちにヘーゲル哲学の偉大さを理解させようと努力したのである。

自分の尊敬している先生が、さらに尊敬している大学者がいる! しかもその大学者は、いまベルリンで多くの聴講者を前にして、自分自身の口で自分自身の思想を伝えているのだ! フォイエルバッハが、自分もベルリンに行って、直接ヘーゲルの講義をきいてみたいと思うようになったのは、しごく当然の成り行きであった。だが父親は、ヘーゲルを聴くためにベルリンに行くと言えば、反対するにちがいない。フォイエルバッハは一計を案じた。それは父親にベルリンこそが神学の勉強にもっとも適した所だと納得させることである。フォイエルバッハは、ベルリンで活躍している有名な神学者や教会史家の名を手紙に書き、父親にベルリン行きを歎願した。そのなかには、当時ベルリンで説教壇からひとびとに大きな影響を与えていたシュライエルマッハー（Schleiermacher, 1768—1834）の名も含まれていた（もっとも、ヘーゲルの名こそ挙げていないが、フォイエルバッハはこの手紙のなかで、哲学の勉強に専念したいという自分の本心をも、ちょっぴり匂わせている）。父親は息子のベルリン行きを許可した。一八二四年の春、フォイエルバッハは喜び勇んでハイデルベルクを後にした。しかしベルリンでは、思いもかけなかったことが、かれを待ち受けていたのである。

ヘーゲルをきく　フォイエルバッハのベルリン到着を待ちかまえていたのは、警察であった。と言うのも、プロシアの政府調査委員会に、「フォイエルバッハ家の息子はすべて秘密結社の会員である」という密告が届いていたからである。フォイエルバッハは旅券を差しおさえられ、行動はすべて警察の監視のもとにおかれた。かれが何時に家を出てどこへ行ったか、誰と会ったか、食事はどこでしたか、どこの教会へ行ったか、などなど、行動のすべてがその都度警察の報告書に記入された。大学の講義にはなんとか出席できたが、聴講の正式の許可はなかなかおりなかった。六月に入ると、大学の懲戒裁判の場で改めて訊問《じんもん》が行われた。フォイエルバッハはこの席で、自分はいかなる団体にも所属していないことをきっぱり証言した。嫌疑《けんぎ》はいちおう晴れたが、その後も当局による引きのばしやいやがらせが続いた。こうしてベルリンに着いて三か月以上の空白の日々が続いたすえ、満二〇歳になった七月二八日に、フォイエルバッハはようやくベルリン大学の神学部の学生に登録されたのである。

兄カールは、当時すでにエルランゲンの高等学校で数学を教えていたが、かれもまた五月はじめに逮捕され、訊問と拘留の日々を送ることになった。繊細《せんさい》な精神の持主で、体質的にも虚弱だったカールは、半年以上に及ぶ訊問と拘留に耐えかねて、二度にわたって自殺を企てた。幸い一命をとりとめたかれは、病人ということでようやく釈放されたのである。格別な政治活動もしていないフォイエルバッハ兄弟がこれほどひどい目に会わされたということは、メッテルニヒ体制下での自由主義者取り締まりがいかに苛酷であったかを告げる好材料であろう。またこの時に受けた印象が、フォイエルバッハのその後の思索の展開に大きな影響を与えたことも、十分考えられるのである。

ともあれ、青天白日の身となったフォイエルバッハは、神学の勉強はほとんどそっちのけにして、熱心にヘーゲルの講義をきき、この大哲学者の思想を自分のものにしようと努力した。ヘーゲルの書いた書物はいずれも晦渋《かいじゅう》で難解な代物《しろもの》であるが、その講義は学生を配慮してか分かりやすく、しかも精彩に満ちたものであった。ヘーゲルの講義をききたいという願望がみたされ、満足したフォイエルバッハが、今度は哲学部に転部したいと考えるようになったのも、当然であった。

しかし父親は今回も納得してくれるだろうか。実は当の父親も、大学生の頃に親の反対を押し切って法学部から哲学部に転部し、親からの援助を打ち切られてしまったという苦い体験を味わっている。フォイエルバッハは慎重にことを運んだ。つまりまず旧師のダウプに哲学を専攻したいという気持を伝え、父親のまわりのひとが父親を説得するようにとりはからってもらったのである。親友の法律家の説得に、父親もしぶしぶ息子の転部に同意した。だが息子に警告を発することも忘れなかった。いまさらお前の強情に反対しても無駄だから、転部は認める。私はお前が自分で選んだ運命に干渉しようとは思わない。しかしその運命は、お前にパンも名誉もない苦難の人生をもたらすだろう。お前はいずれ後悔の涙を流すにちがいないが、その責任はすべて自分で負わなければならない。父親の手紙には、厳しい調子で、こうした趣旨のことが書かれてあった。しかしとにかく許可はおりた。一八二五年四月、フォイエルバッハは哲学部に移り、以前にもまして熱心に哲学と取り組むことになったのである。

なおフォイエルバッハが、ベルリン滞在中、毎日曜日に教会で行われるシュライエルマッハーの説教をたびたびききに行ったことも、ここに書き加えておこう。後にフォイエルバッハは、当時を回想して記している。「小柄で猫背のこの人は、演壇の上にほとんど身体が見えなかった。かれは短い聖書の文句を読みあげ、それからそれを論じはじめたが、その深遠さと迫力は、論を進めるにつれてしだいに高まっていった。そこには気取りもなければひけらかしもなく、もったいぶった調子もなかった。ひとびとは、この人物が、論理においていかに鋭く、弁舌においていかに美しく、思想から思想へと移っていくかにききほれていた。」後年フォイエルバッハが宗教の本質の解明に全力を傾けたことを思いあわせると、この出会いの意義はきわめて大きかったとみてよいであろう。フォイエルバッハは、ある意味で、ヘーゲルの敵対者であったシュライエルマッハーの宗教研究の道を引き継ぐことになるのである。

けれども、不幸なことに、ベルリンでの勉学は、その後わずか一年で打ち切られることになった。というのも、フォイエルバッハのベルリン遊学中の学資は、かれの父親を寵遇《ちょうぐう》していたバイエルン国王マクシミリアン一世が提供してくれていたが、この国王が亡くなり、国からの援助が受けられなくなったからである。フォイエルバッハは、やむなく学資がそれほどかからないエルランゲン大学に移り、大学卒業に必要な単位をここでみたすことにした。

したがって、フォイエルバッハがベルリンで直接ヘーゲルの講義をきいたのは、一八二四年の夏学期（四—七月）から、一八二五年の冬学期（一〇月—翌年二月）までの四学期間ということになる。記録によると、ヘーゲルは、一八二四年の夏学期には宗教哲学と論理学・形而上学、同年冬学期には法哲学と世界史の哲学、一八二五年夏学期には論理学・形而上学と精神哲学、同年冬学期には哲学史と自然哲学の講義を、毎週九時間づつ講義している。つまりわずか二年間ではあったが、フォイエルバッハはベルリンでヘーゲルの重要な講義をほとんど全部聴講できたのである。しかもこの頃は、すでにヘーゲルの弟子たちがヘーゲル哲学の解説を主眼とした講義をはじめており、ヘーゲルを理解しようとするフォイエルバッハにとって、これはきわめて好都合であった。フォイエルバッハは、ベルリンで吸収できるものはすべて吸収したことであろう。それを自分の内部でどのように醱酵《はっこう》させ、論文として定着させるかが、かれに残された課題であった。

博士論文と『死と不死』

博士論文をヘーゲルに　一八二七年に入ると、フォイエルバッハ家には不幸が続いた。フランクフルトに居住していた父方の祖父が死に、またそれとほとんど時を同じくして、ミュンヘンにいた兄のカールがはげしい精神病の発作に襲われた。フォイエルバッハは兄のエドワルトとともにカールの許に急行し、病人をエルランゲンの精神科医のところに連れていった。病人は数か月たってなんとか健康を取り戻したが、こうした出来事がフォイエルバッハの勉学を妨げ、ドクター論文の執筆もその翌年まで持ちこされた。フォイエルバッハが「理性の無限性・唯一性・普遍性について」という手書きのラテン語のドクター論文で学位を受けたのは一八二八年七月であり、かれはこの論文にさらに手を加え、同年一一月、『一にして普遍にして無限な理性について』という表題をつけて出版した。これによってフォイエルバッハはようやく大学に就職できる資格を獲得したのである。

フォイエルバッハは、この印刷された論文をヘーゲルに送り、それに一通の手紙をそえた。

「いとも高く尊敬すべき教授先生！　先生に私の論文をお送りすることをおゆるし下さい。これはしかし、私が自分の論文に格別の価値を与えているからでもなければ、この論文が先生の関心を引くだろうとうぬぼれているからでもありません。そうではなくて、この論文を先生にお送りするのは、この論文の著者である私が先生の直弟子であるからです。と言いますのも、私は二年間ベルリンで先生の講義を拝聴しました。そこで私はもっぱら先生に個人的な敬意を表明したく、この論文をお送りする次第です。」

フォイエルバッハは、手紙の冒頭で、まずこのようにヘーゲルに対して弟子としての敬意を表明している。しかし手紙を読みつづけていくと、この論文が必ずしもヘーゲル哲学に忠実な論文ではなく、またそのことを師ヘーゲルに公言すらしていることに気づくであろう。フォイエルバッハによると、この論文の意図は、ヘーゲルが著作や講義のなかで展開している理念や概念の「生き生きとした、自由な獲得と構想」にある。もろもろの理念は、感性的なものや現象を超越して天上にとどまっていてはならない。それは「現象のうちで、現象に即して、現象を廃棄し征服する直観」にまで下ってこなければならない。そうした形での「理念の現実化もしくは世界化」こそが、つまり「純粋ロゴスの肉化」こそが、哲学に課せられた課題なのである。

フォイエルバッハはまた、こうも言っている。哲学にとって大切なのは、「学派の事柄」ではなくて、「人間（人類）の事柄」である。現代の哲学精神は、学派の制限を打破し、「普遍的な、世界史的な、公開的な見解」に到達することをめざしている。「この精神のうちには、現実のうちで自分を言表する普遍的な精神への萌芽が、いわばより新しい時代への萌芽が、存しています。いまや必要なのは、いわば一つの王国を建設すること、すなわち理念の王国、あるゆる存在のうちで自らを直観し、自己自身を意識している思想の王国を建設することです。そしてまた、とくにキリスト教の時代が開始してからこの世界を支配してきた自我や自己一般を、すなわち自らを唯一の存在する精神として捉え、自らを絶対的精神たらしめてきた自我や自己一般を、その王座から追い出すことが必要なのです。」

若きフォイエルバッハのヘーゲル評価　フォイエルバッハがベルリンでヘーゲルの講義を二年間きいたことは、すでに述べた。後にフォイエルバッハが書いたもののうちに、『私の哲学発展行程を性格づけるための断片』という作品があるが、この作品を読むと、フォイエルバッハが学位論文を書く前にすでにヘーゲル哲学に対して批判的であったことがわかる。「私はいまやヘーゲルを片づけた。私は美学をのぞいてヘーゲルの全講義をきき、しかもかれの論理学は二度もきいた。だがヘーゲルの論理学はいわば〈法典〉であり、哲学の〈ローマ法典〉である。」「ヘーゲル哲学は、現在および未来に対して、どのようにかかわるのであろうか。ヘーゲル哲学は、思想（考えられたこと）の世界として、過去の世界ではなかろうか。ヘーゲル哲学は、人類がかつてそれであったが、もはやそれでないものについての人類の想起より以上のものであろうか。」

ここでヘーゲル哲学を簡単に解説すると、それは一種の絶対者とも言うべき「理念」が、弁証法的に自己を展開していく過程を叙述したものである。それは体系としては、論理学と自然哲学と精神哲学という、これまた弁証法の三段階に対応する三つの部門から構成されている。ヘーゲルによると、論理学とは「即自かつ対自的な理念の学」であって、これは理念そのものの展開過程を叙述する。ところでそうした理念が、自然のうちで自己の本来の姿を失った状態で展開する過程をたどるのが自然哲学であり、自然界でいったん自己を喪失した理念が、精神のうちでふたたび自己を取り戻していく過程を叙述するのが精神哲学である。

　この三部門のうち、ヘーゲルがもっとも重視したのは、もちろん論理学であった。論理学《ローギク》は、ヘーゲルの場合、たんに思考の形式を述べる形式論理学ではなく、文字通りロゴス（理法）の学であり、ロゴスの総体を内にとりこんだものであった。したがって、そこにはまた、ギリシアからヘーゲルに至るさまざまな哲学思想の原理が、理念の展開過程の諸段階に組み込まれるという形で、封入されている。ヘーゲル哲学がしばしばギリシア以来の西洋哲学の「完成」であり「完結」であるとされるのも、そうした事情によるものである。ヘーゲル哲学の出現は、西洋の哲学の歴史において、まさに画期的な出来事であった。

　フォイエルバッハもまた、ヘーゲルのこの偉大さを率直に認めている。ヘーゲルの論理学は、それまでの哲学のすべての原理を納めている点で、まさに哲学の「ローマ法典」である。しかしそれでは、自分はどうすればよいのだろうか。多くのヘーゲル学徒がそうしているように、師の「ローマ法典」を金科《きんか》玉条《ぎょくじょう》とし、それを後世に伝える努力をしさえすればよいのだろうか。だがヘーゲルの哲学は、過去の思想原理の集大成として、それ自身すでに「過去の世界」の表現にすぎないのではないか。それは現代および未来の世界に対して、はたして創造的な力を発揮するであろうか。

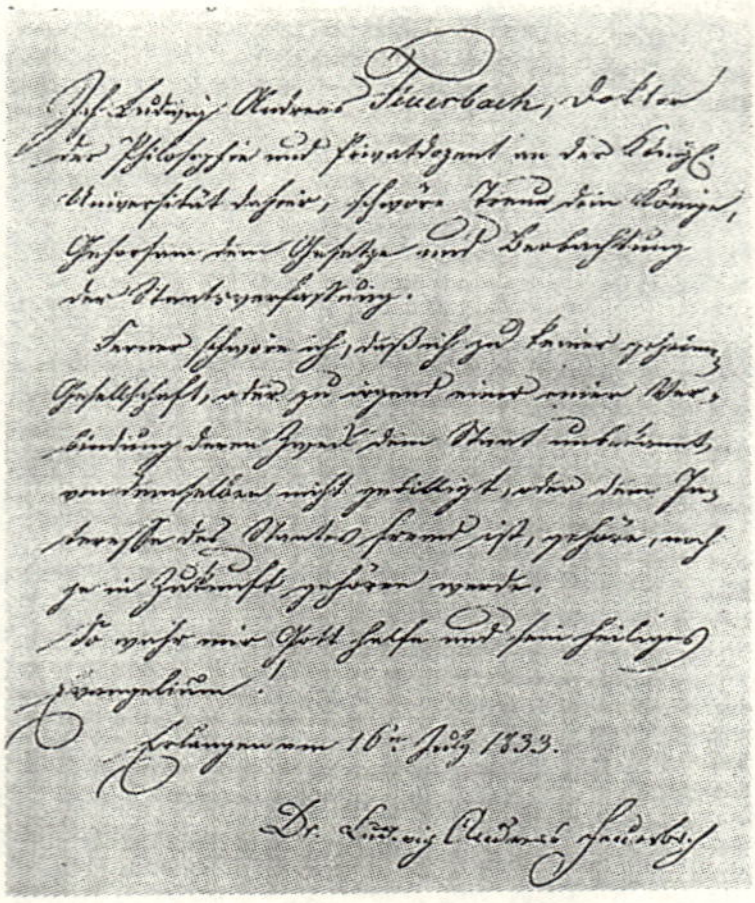
Ich Ludwig Andreas Feuerbach, Doktor
der Philosophie und Privatdozent an der Königl.
Universität dahier, schwöre Treue dem König,
Erlangen am 16t. Juli 1833.
Dr. Ludwig Andreas Feuerbach

フェイエルバッハの筆跡
1833年

いま一つ問題なのは、ヘーゲルの論理学が、理念そのものの自己展開にすぎないということである。フォイエルバッハは、先にあげた『断片』のなかで、思考は存在に対して、論理学は自然に対して、どのように関係するのだろうか、という疑問を投げかけている。ヘーゲルはその体系のなかで、論理の世界から自然の世界へ、論理学から自然哲学へと進んでゆく。だがこの移行は、はたしてヘーゲルが言うように、理念の必然的な歩みなのだろうか。自然は、論理の世界が展開し終わった時点ではじめて成立するのだろうか。エルランゲン大学に移ったフォイエルバッハは、自然科学に格別の興味をもち、植物学や解剖学や生理学の講義に出席しているが、これもおそらくヘーゲルの自然哲学に対する不満からであろう。フォイエルバッハの考えでは、自然は理念や思考に先立ってすでに存在する。「論理学が自然へと移行するのは、ひとえに、思考する主体が論理学の外に直接的な存在を、すなわち自然を発見するからであり、自らの直接的な、つまり自然的な立場からしてこのものを承認するように強制されているからである。もしいかなる自然も存在しないとすれば、論理学という無垢《むく》な処女が、自分のなかから自然を産み出すことも決してないであろう。」

論理学でヘーゲルが展開する理念は、しょせんは天上の世界にとどまっていて、現実に存在する自然の世界まで下降してはいない。フォイエルバッハがヘーゲルあての手紙で、「理念の現実化もしくは世界化」こそが必要だと述べているのは、まず第一に、ヘーゲルの自然哲学がもつこうした欠陥に着目してのことであろう。

ヘーゲルの精神哲学への不満

では、ヘーゲルの精神哲学はどうであろうか。ヘーゲルはベルリン時代に、精神哲学の第二部門に当たる「客観的精神」を詳しく論じた『法の哲学』を完成した。『法の哲学』は、いわゆる「抽象法」にはじまって「道徳」へと移行し、最後に「人倫」に到達する。人倫は人倫で、「家族」と「市民社会」と「国家」という三段階に区分される。家族は調和を保った一つの全体を形成するが、家族のひとりひとりは自立性を欠いたたんなる構成員にとどまる。これに反して、市民社会においては個人はそれぞれ自らの自立性を確保するが、市民社会そのものは個人が互いに対立し抗争しあう「欲望の体系」であって、そこに有機的な調和は見出せない。諸個人がそれぞれ自立性を保ちつつ、しかもそこに全体としての調和が成り立つとすれば、それは国家においてのほかはない。国家こそは、そうした意味で、「即自かつ対自的に理性的なもの」であり、それが現実に実現した姿、すなわち「人倫的理念の現実態」なのである。

このようにヘーゲルにあっては、人倫的理念は国家において実現し、現実となる。「理性的なものは現実的であり、現実的なものは理性的である」とは、『法の哲学』の序文にある有名な言葉であるが、このことは客観的精神の領域に関して言えば、国家においてはじめて可能なのである。

もちろんフォイエルバッハも、このヘーゲルの『法の哲学』の講義をきいたはずである。しかしフォイエルバッハがこの講義から受けた影響は、ほとんど見出せない。しかもそのかれを、ヘーゲルとちがって、フォイエルバッハはまだはたちを越したばかりの青年であった。しかもそのかれを、国家の警察が執拗《しつよう》につけ狙ったのである。生まれ育ったバイエルン王国は、大国の間に挟まれてつねに揺れ動いている。こうした国家の現状を眼の前にして、はたしてそれが人倫的理念の現実態と言えるだろうか。ヘーゲルの言う「理念」は、自然の世界においても、また客観的精神の世界においても、実現しているとは考えられない。それは依然として天上の高みにとどまっている。フォイエルバッハがそう考えたとしても、決して不思議ではない。

だがそれだからと言って、フォイエルバッハは、ヘーゲルをたんに否定したのではなかった。ヘーゲルにおいて事情がそうであるからこそ、あらためて「理念の現実化と世界化」をはかることが、「理念の王国」を建設することが、必要なのである。ヘーゲルにおいて果たされていないこの仕事を、ヘーゲルとはちがった仕方で成し遂げること、それが「より新しい時代」に生きる哲学者に課せられた仕事である。この仕事はまた、「人類の事柄」に関わる仕事として、人類の未来に対しても新しい展望を与えるだろう。それはキリスト教をも含めた既成の宗教にも、大きな影響を与えるにちがいない。手紙のなかで、フォイエルバッハは自分のこうした若々しい野心をヘーゲルに告げた。ヘーゲルがこの手紙に対して何と答えたかは、伝えられていない。あるいはヘーゲルは、この若い魂の叫びを黙殺したのかもしれない。

そこで次に、問題の論文『一にして普遍にして無限な理性について』の内容の一端を紹介しよう。この論文の内容については、先にあげた『断片』のなかで、フォイエルバッハ自身が簡単な要約をしているので、それも参照することにしたい。

理性の特質

この論文は、表題からも分かるように、理性はもともと一つであり、しかもその理性が普遍的であり無限であることを論証したものである。フォイエルバッハによると、現在流行している通俗哲学は、人間の理性には一定の限界があって、どんなに健全な精神の持主であっても、この限界をこえることはできない、と主張する。人間の理性が有限である限り、真理もまた理性によっては、つまり人間の思考によっては、捉えることができない。そこで通俗哲学者たちは、さらに進んで、真理は「感情」によってしか捉えられないとか、あるいは「人間のあらゆる認識と活動の原理は信仰である」(ヤコービ)とか、「完全な知は確信である」(ノヴァーリス)とか主張する。だがフォイエルバッハによると、こうした主張はすべて間違っている。理性は決して有限ではなくて、無限なのである。

では、通俗哲学者たちは、なぜ理性を有限と見るのだろうか。それはかれらが、「理性」ということで、人間に普遍的な理性をではなく、ひとりひとりの人間にそなわる個別的で特殊な思考能力を考えるからである。だが理性は、耳が音をきく器官であり、眼がものを見る器官であるように、個人がなにかを(概念的に)把握するためにそなえている器官や道具といったものではない。一にして無限な理性は、個々の人間をこえて存在する。個々の人間は、実はこの超個人的な一なる理性に与《あずか》ることによって、はじめて思考できるのである。

さまざまな動物のなかで、人間だけが思考する。人間はまさしく「理性的動物」である。理性は人間の「本質」であり、「人間性」であり、「人間の類」である。では、類としての理性と、個々の人間とは、どのような関係にあるのだろうか。鼻について言うと、ひとりひとりの人間はそれぞれちがった鼻をもっている。その場合、「類としての鼻」とか、「鼻そのもの」といったものは存在しない。それはいわば「抽象物」であり、「たんなる理念」にすぎない。とすれば、理性もまた実際には個々人の思考能力として存在するのであり、理性そのものなどというものは、現実には存在しないのではないか。

そうではない、とフォイエルバッハは考える。類としての理性は、類としての鼻とはちがって、現実に存在する。しかもそれは、思考する私のうちに、直接現在する。と言うよりは、むしろこう言ったほうがよいかもしれない。私は思考する限りにおいて、すなわち理性に与《あずか》る限りにおいて、もはや個としてではなく、直接に類として存在する、と。私は思考する限りにおいて、人間の類であり人間性である理性を、自らにおいて実現しているのである。

フォイエルバッハは、このことを、感性と理性、感性的知覚と思考とを対比させながら説明している。私がなにかを感性的に知覚するときには、この知覚内容は私のなかにだけとどまっていて、他人はこれを知覚できない。たとえば、いま私が感じている痛みを、他人にどのように説明しても、他人は私が感ずる痛みそのものを感ずることはできない。つまり感性的知覚においては、私は他人から切り離されており、そうした意味で私は他人ならぬこの私として、個として、存在する。だがこれに反して、私が思考したことは、他人もそれを私と同じように思考することができる。言いかえれば、「私が思考する限りにおいて、私そのものは他人そのものであることができる」し、「私の本質はまた他人の本質」である。つまり私は、思考する限りにおいて、たんなる個人ではなく、類的存在なのである。

念のために、『断片』から一箇所引用しよう。「私は、理性の実現作用としての思考のうちでは、つまり思考する者としては、このひとやあのひとではなくて、誰でもなく、何人でもない。言いかえれば、私は一人の人間ではなくて、端的に人間そのものであり、私がたんに感性的な者である場合のように、他人の外部にあって他人から切り離されているのではなく、すべての者と一体であり、すべての人間である。と言うのも、理性は自己自身との統一性として、もしくは絶対的同一性として、すべての者の統一性だからである。……理性の無限な統一性と普遍性との感性的現象が言語である。言語が思想を普遍的にするのではない。言語は、思想がそれ自体においてあるところのものを、つまり私の思想ではなく、すべての者の思想を、明示し、現実化するだけなのである。」

論文の基本的発想

通俗哲学に対して、フォイエルバッハがなぜ理性の統一性・普遍性・無限性を主張したかは、以上からほぼ明らかであろう。一見したところ、これはヘーゲルの汎理性主義の擁護であるかのように見える。けれども、フォイエルバッハが強調しているのは、理性がたんに超個人的であるということではなくて、その同じ理性が人間の類的存在として、切り離された個々の人間を統一し統合する機能を果たしているということである。あるいはむしろこう言ったほうが正確かもしれない。フォイエルバッハのもともとの関心は、感性的存在者として互いに切り離されている人間が、いかにして類としての統一と連帯を確保できるか、ということにあった。フォイエルバッハが一にして普遍的にして無限な理性に注目したのも、実はそのためなのである。

フォイエルバッハによると、人間が互いに愛しあったり、承認しあったりするのも、人間のうちに理性という統一的な基盤が存するからである。もしそうした基盤がなかったら、他人を愛したり承認したりすることもないであろう。したがってまた、「私は思考する、ゆえに私はすべての人間である（Cogito, ergo omnes sum homines.）」という命題は、「倫理学の最上の命題」でもある。私は思考のうちでは他人と切り離されていないが、行為においても思考の場合と同じように、他人との合一をめざさなければならない。思考は、そうした意味で、「あらゆる行為の原型」である。一なる理性は、このように、人間の協調と連帯を可能にする基盤として重視されているのである。

これに対して、通俗哲学者たちは、個人の感情や信仰だけを重んじて、自他の統一に根ざした真理を追求しようとしない。と言うのも、かれらは自己意識をもつ個としての自己をただちに絶対視するからである。自己意識は、なにかある対象についての意識とはちがって、もともと無内容である。かれらはこの無内容な自己意識を、めいめいの思いなしによって充たしているにすぎない。その限りでかれらは、類としての人間から遠ざかっている。フォイエルバッハに言わせると、主観的で個人的な理性というものが存在するとしたら、それはまだ人間的な理性ではなく、動物的な理性にすぎない。通俗哲学者たちが理性を有限と見るのも、その限りではもっともなのである。

　フォイエルバッハのドクター論文にあらわれているこの基本的発想を、はっきり見定めておく必要があろう。この基本的発想は、フォイエルバッハの生涯を通じて、実は変わっていない。もっとも、この段階では、フォイエルバッハは類としての人間の統一性を重視するあまり、人間が他面においてなお個として存在するという側面を、充分に展開するには至っていない。フォイエルバッハのその後の思索は、人間における個と類の統一という問題をめぐって展開するのである。理性にかわって感性があらためて重視されるようになるのも、そのためである。しかしドクター論文についてはこのくらいにして、先に進むことにしよう。

匿名の著作

　一八二九年の冬、フォイエルバッハは、エルランゲン大学の私講師となり、哲学の講義を開始した。兄エドワルトは、このときすでにエルランゲン大学の法学の員外教授として活躍しており、病いのいえた兄カールも、エルランゲンの高等学校で数学を教えていた。弟フリードリッヒもエルランゲン大学在学中で、これで四人の兄弟がエルランゲンに集まったことになる。フォイエルバッハはまずデカルトとスピノザに関する講義を行い、次の学期には論理学と形而上学に関する講義を行った。フォイエルバッハは教室でしゃべる講義はどうやら苦手であ

エルランゲン大学　岡田雅勝氏撮影

ったらしく、その講義は聴講者の興味をそそるには至らなかったようである。大学で講義をするかたわら、かれは著述活動にも力を注いだ。一八三〇年、『死と不死にかんする思想――ある思索家の草稿から』という書物がニュルンベルクの本屋から匿名で出版され、後にふれるように、僧職者や神学者を憤激させることになるが、これが実はフォイエルバッハの著作だったのである。では、この匿名の書物は、ひとびとになにを訴えようとしているのであろうか。

フォイエルバッハはまず、ヨーロッパ精神史の上で、魂の不死の問題の取り扱いに関して、三つの時期を区別する。第一期はギリシア・ローマ時代で、この時代の人間は現代のわれわれとはちがって、個人の不死を考えたり、それを信じたりはしなかった。というのも、たとえばローマ人にとってはローマという国家がすべてであり、個人は不死ということよりも、死後に後世のローマ人の感謝に充ちた想起のうちにとどまることを願ったからである。ギリシアの哲学者のなかには、魂の不死を主張した者もいるが、しかしフォイエルバッハによると、それは当時のギリシア人が懐いていた浄界や冥界の思想と同じように、個人の不死を願う信仰とは無関係なのである。

第二期は、中世のカトリックの時代である。この時代に入ると、キリスト教の影響のもとに、不死が信仰の問題として登場する。とはいえ、ここでは個人は自分の本質が宗教的共同体のうちにあると考え、教会という聖なる共同体のうちですでに永遠の生に与《あずか》っていると感じていた。したがって、不死が問題になるとしても、それは死後に赴くことになる天国と地獄の存在が、つまり天国に行けるためにに現世でどれだけ多くの善行を積むかが重要な意味をもっていたからで、個人のたんなる永続という形での不死を願っていたからではない。

さて、近世以降が第三期であるが、ここで不死信仰ははじめて個人の不死に対する信仰という形をとって登場する。フォイエルバッハによると、近世の一般的特徴は、個々の人間がそれだけで、つまり個別的な個体のままで、自らを神的で無限なものと考えることにある。その最初の形態がプロテスタントの教えであるが、ここではカトリックの場合とちがい、もはや教会ではなくて、個人的確信としての信仰が最高の原理となる。つまり普遍的な教会(「カトリック」とはもともと「普遍的」ということである)がひとりひとりの人間に信仰の原理を与えるのではなく、逆にひとりひとりの個人的信仰の力によって教会が維持されることになるのである。

プロテスタントの信仰の中心は、教会から神人としてのキリストへ、「キリストという形態における、神の本質と一体化した人間の本質」へと移行する。キリストを崇めるとは、キリストの人格を崇めることである。ところで敬虔主義のひとびとは、キリストの人格をさらに自己の人格のうちへと内面化する。ここでは「心情のうちへと取り入れられたキリスト」が、「信仰する個人の自我自身となったキリスト」が、「真にして本質的なキリスト」なのである。

こうして各個人のうちに内面化された「純粋な人格」が重視されることになるが、しかしそうした純粋な人格は、この世においては、つまり現世の生活のうちには、そのままの姿では存在していない。道徳的な観点から見ると、純粋な人格とは、「罪や汚れのない、純粋に善な、徳そのものと一体になった人格」である。しかしさまざまな感性的衝動によって動かされる個々人の現実の人格は、純粋でも無垢《むく》でもない。現実に存在する個人にとっては、この純粋な人格との合体は、彼岸のはるかな目標にすぎない。近世になってはじめて個人の不死に対する信仰が生じたのも、これによって説明がつくであろう。それは現世に生きる個人が、彼岸に位置する純粋な人格に、不死という無限の時間を介して到達しようという願望から生じた信仰なのである。

不死信仰の否定

この書物があらわれる四〇年ほど前に、カントは『実践理性批判』のなかで、伝統的な不死信仰について一つの解決を与えようとした。カントによると、神聖性とは、意志が道徳法則に完全に適合した状態であるが、これは人間が感性界に生きている限りは決して所有できない完全性である。にもかかわらず、この適合性は、実践理性によって実現さるべきものとして要求されている。とすれば、人間におけるそうした適合は、それにむかって無限に進行することによってのみ可能であろう。だがこの無限の進行は、それはそれでまた、人格が無限に継続するという前提のもとにおいてのみ可能である。こうしてカントの場合、魂の不死は理論的には証明不可能であるにもかかわらず、「純粋実践理性の要請」という形で正当化されるのである。これは不死信仰を道徳と結びつける見方で、先のフォイエルバッハの主張を裏書きするものと言えよう。

だがフォイエルバッハは、カントのこうした見方に満足しているわけではない。いな、むしろ不死信仰そのものを、それがどのような形をとるにせよ、虚妄《きょもう》であると宣言し、それを根柢から覆そうというのが、この書物の意図なのである。

フォイエルバッハによると、不死信仰に囚われた人間は、非現実的な純粋な人格を彼岸において現実化することによって、かえって現世の現実的な生活そのものを色あせた非現実的なものにしてしまう。人間の現世の生活から、自然から、歴史から、あらゆる真に現実的なものが消滅する。その結果ひとびとは現世において充実した生活を送ることができなくなり、そこからまた、現世に絶望したニヒリズムが生じてくる。「個人が虚無を見る現世の廃墟の上に、同時にかれ自身の内的な虚無の感情と意識とが目覚める」のである。

したがって、人間が現世で充実した生き生きとした生活を送ろうと思うなら、不死信仰が虚妄であることを知り、それを放棄しなければならない。不死信仰の放棄によって、現実が非現実となり、非現実が現実となるといった、倒錯した事態も解消し、現実が真に現実としてあらわになるとともに、現世の生活も現実に充たされた充実した生活になる。「人間がたんなる見せかけの死ではなく、個人の生を完全に終わらせる実際の真実な死が存在することをふたたび認め、自分の有限性の意識に徹するなら、その場合にのみ、人間は新しい生活をふたたびはじめる勇気をもち、絶対に真実で本質的なもの、実際に無限なものを自分の全精神活動の主題とし、内容にするという、緊迫した欲求を感ずるだろう。」

個人が死すべきものであるのは、個人がもともと有限な存在だからである。フォイエルバッハは、ドクター論文のなかで、個人は感性的存在として他の個人から切り離された存在であり、その限りで有限な存在である、と語っていた。この考えは、『死と不死にかんする思想』にも引き継がれ、個人の不死を否定する論拠とされている。個人がもしそれだけで絶対無限の存在であるならば、個人は不死であろう。だが個人は永遠で無限な「類としての人間」ではなく、限られた存在として、限られた時間のうちにのみ存在する。経験もまた、このことを確証している。個人とちがって、人類は永遠である。個人は無から生じて永遠の人類にその一員として参加するが、やがてまたそこを去ってふたたび無に戻るのである。

では、個人は現世で永遠なものにふれることはできないのだろうか。決してそうではない。ドクター論文では、人間の類は一にして無限な理性であるとされていた。つまり人間はそうした理性に与《あずか》ることによって、永遠に参与するのである。『死と不死』では、この理性に当たるものが「精神」とか「意識」という言葉で呼ばれている。感性的個人は死すべきものであるが、精神や意識は時間を超えた永遠なものであり、その意味で不死である。とすれば、こうも言えるであろう。「不死に対する真の信仰は、精神そのものに対する信仰であり、意識に対する信仰であり、それらの絶対的な本質性と無限な現実性に対する信仰である。」精神の永遠性・絶対性を信ずることが真の不死信仰であり、それにしたがって生きることが現実に充たされた生活なのである。

ところで、『死と不死』で注目に値するのは、他人を愛することがすぐれて倫理的な行為であるとされ、しかもそれが死と不死の問題と結びつけて扱われていることである。私は他人を愛することによってもはや孤立した存在ではなく、他人と結びついた存在である。と言うよりも、愛するとは自己を相手に捧げることであり、自己を放棄することである。これはさらに言えば、愛において、他人から切り離された個別人としての私が死ぬということである。死をたんに個人の生の終わりとだけ理解してはならない。私は現世のうちで他人を愛することによって死に、それによってかえって永遠の生に与《あずか》るのである。

「思考するひとは、事柄を深く視るひとは、死を克服する。というのも、かれは死を自分がそれであるところのものとして知り、道徳的自由と直接結びついた行為として知るからである。かれは死のうちで自分自身を認め、死のうちで自分自身の意志を承認し、自分自身の愛と自由の行為を承認する。かれは死が自然の死ではじめてはじまるのではなく、死が自然の死で完結し終息することを認めるのである。」

後に見るように、フォイエルバッハのその後の思索は、理性や精神よりも、感性と結びついた愛を重視する方向に進んでいく。個人を超えた理性とちがって、愛はつねに個別的な個人のうちで生じ、しかもその個別性を内から否定することによって、個人を類へと高めるのである。生活や実践の場における個と類の統一は、理性よりもむしろ愛によって可能となる。もっとも、『死と不死』の段階では、個はもっぱら否定されるべきものとして扱われており、個が個としてもつ独自性の意義はまだ展開されていない。このことはまた、この段階でのフォイエルバッハが、個を軽視したヘーゲル哲学の影響下にあったことを物語るものであろう。

「二度と公の職にはつけないだろう」

さて、フォイエルバッハは、匿名で出版したこの書物の巻末に、付録として、三五〇編をこえる「神学的・諷刺的箴言詩《しんげんし》」をのせた。フォイエルバッハは、当時のキリスト教界や、僧職者や神学者に対して懐いていた日頃の不満を、これらの諷刺詩のなかで、一挙にぶちまけたのである。そのうちのいくつかを拾ってみよう。

「信仰の力」
信仰は山を移す。その通りだ。
信仰は困難な問題を解決しないで、それを押しやるだけである。

「神学者たちの神」

それはわれわれが困ったときに、食べるためのパンを与えてくれる。

だがわれわれに、思考のための素材をも与えてくれるだろうか。


「自由な鳥は、すべてについて、籠の鳥とはちがった観方をする」

あなたが謎を見出すのは、神学の籠のなかでだけだ。

自由な天地に出給え。そうすればあらゆる謎は解けている。


「絶望が義務の場合がある」

神学はどうすれば分裂の禍いから免れるだろうか。

それは神学が絶望してついに自分自身を否定する場合である。


「昔は今ではない」

昔はたしかに宗教が国家の支えであった。

だが今は国家が宗教の支えである。


「進歩」

信仰はいまではすでに法律になっている。

やがて警察が神学の土台になるだろう。

こうした痛烈な諷刺が、僧職者や神学者を憤激させたことは言うまでもない。かれらはこの匿名の書物の実際の著者が誰であるかを探索し、それがフォイエルバッハであることをつきとめた。書物は警察の手によって没収されたが、フォイエルバッハは、本人が知らないうちに書物が公刊されたという事情もあって、訴追を免れた。けれども、エルランゲン大学の教授の職につきたいというかれの望みは、この事件で断たれることになった。父親も息子がこの書物を書いたことを知って、仰天した。父親は息子に、「お前はこの著作によって世間から追放され、二度と公の職にはつけないだろう」と伝えたが、世間からの追放はともかくとして、父親の予言はその通りになった。以後フォイエルバッハは一度も大学の教授の職につくことはなく、いわゆる在野の思想家として一生を送るのである。

フォイエルバッハは、将来の望みを断たれたいまとなっては、大学で漫然と講義を続ける気にはならなかった。といって、機嫌を損ねた父親のもとに帰る気にもならず、ひとまずフランクフルトにある叔母の家に落ち着くことになった。フォイエルバッハはここで就職口を探す一方、ひそかにパリ行きの計画を練りはじめた。当時の風潮として、フォイエルバッハに限らず、ドイツの進歩的な若者たちは、メッテルニヒの反動体制のもとで生きるよりも、七月革命後の陽光に満ちたパリで存分に活動したいと願っていた。たとえばハインリッヒ＝ハイネ（Heinrich Heine, 1797—1856）もそのひとりで、かれはいちはやく革命の翌年にパリに渡り、そこで『ドイツ古典哲学の本質』（原名『ドイツの宗教と哲学の歴史のために』）を書きあげたのである。

しかも当時パリには、弟フリードリッヒが東洋語を学ぶために出かけていたし、離婚した上の妹も商社員としてパリに滞在していた。フォイエルバッハは熱心にフランス語やフランス文学を勉強し、またフランスの哲学者でヘーゲル哲学に関心を寄せていたヴィクトル＝クーザン（Victor Cousin, 1792―1867）にも論文を送り、なんとかパリで生活できる方途を見つけようとした。しかしこの計画は、結局陽の目を見ずに終わった。おそらくパリで生計を立てるめどがつかなかったのであろう。兄エドワルトは、フォイエルバッハにエルランゲンに戻るように勧告した。周囲の情勢が絶望的であったにもかかわらず、兄はなんとかして弟をエルランゲン大学の員外教授のポストにつけようと努力していたのである。フォイエルバッハは、それが不可能なことを知っていたが、兄の勧めにしたがってエルランゲンに戻った。著作活動はどこででも続けられると考えたからである。

『近世哲学史』と『著作家と人間』

一八三三年夏、フォイエルバッハは、『ベーコンからスピノザに至る近世哲学史』を公刊した。これはエルランゲン大学での講義を土台にしたものだが、ヘーゲル哲学の支持者たちによって、賛辞をもって迎えられた。たとえば、ヘーゲル学派に属する代表的な哲学史家エールトマン（Erdmann, 1803―92）もそのひとりであり、またヘーゲルの直弟子だったベルリン大学の法哲学の教授ガンス（Gans, 1798―1839）も、この書物に対して賞讃の辞を送った。だがガンスは、フォイエルバッハの就職依頼の手紙に対しては、間接的な語り口ではあったが、見込みのないことを伝えてきた。

翌三四年には、『アベラールとエロイーズ、または著作家と人間』という風変わりな表題で、「一連の諧謔《かいぎやく》的・哲学的箴言」という副題をもった書物が公刊された。『断片』によると、これは「抽象的学問的な書物」ではなくて、「哲学を人間にいわば熱心に勧め、生活から取り出されて、直接また生活に介入していく書物」である。内容から言っても、叙述の体裁から言っても、『死と不死』の系統に属する書物であるが、『近世哲学史』が学者の間で評判になったのとはちがって、この書物は世間のひとびとの注目を集めるには至らなかったようである。『断片』でのフォイエルバッハも、この書物が「部分的に失敗した試み」であったことを認めている。とはいえ、この書物にしても、『死と不死』にしても、フォイエルバッハが学者としての才能のほかに、著作家としての犀利《さいり》な資質をそなえていたことを証しするものと言えるであろう。

フォイエルバッハはまた、一八三五年から三八年にかけて、ベルリンに本拠をもつ「学的批判協会」の機関誌「学的批判年報」に、いくつかの書評を発表した。この協会は、一八二六年にヘーゲルによって設立され、ヘーゲルの活動と相まって、当時のドイツの哲学界にきわめて大きな影響を与えていた。しかし一八三一年にヘーゲルが死ぬと、ヘーゲルの偉大さを否定する著作がつぎつぎと登場するようになり、協会の年報はこうした反ヘーゲル主義者の著作を攻撃する論評を掲載し、ヘーゲルの擁護にこれつとめていた。フォイエルバッハが協会の陣営に迎えられたのも、協会を運営するヘーゲル主義者たちがかれの『近世哲学史』に好意をもち、かれもまたヘーゲル主義者の一員であると考えたからであろう。フォイエルバッハもこの期待にこたえて原稿を送った。つまりこの時代には、フォイエルバッハはまだヘーゲル哲学と訣別するには至っていないのである。

Ⅱ

批判の時代

ブルックベルクにて

ベルタとの結婚　そうしたフォイエルバッハの生活に、新しい転機が訪れた。ベルタ＝レーヴ(Bertha Löw)との結婚である。

アンスバッハからニュルンベルクにむかう途中に、ブルックベルクという村がある。緑の森に囲まれ、川に面したなだらかな丘の上に、優雅なロココ風の館が望まれる。この館は、かつてはバイロイト家の持物であったが、一七六七年に持主によって製陶工場に改造された。ナポレオンの時代になると、この工場はバイエルンの所有となり、バイエルン政府はこれをさらに個人の経営に移した。こうしてこの工場は、ヨハン＝クリストフ＝レーヴというひとが経営するところとなり、かれの死後はその長女と結婚したヨハン＝アダム＝シュタドラーが経営の任に当たっていた。このシュタドラーの義妹、つまりシュタドラー夫人の妹がベルタ＝レーヴである。

一八〇三年一一月三日に生まれたかの女は、病気がちな母にかわって若い時から家政に苦労し、母が病床についてからはその死(一八二八)に至るまで献身的に看病した。その後もかの女は、病気に倒れた弟たちの看病をつぎつぎと引き受け、心安まるときもなく、青春の日々を過ごさなければならなかった。しかしそうしたかの女にも、幸せの日が訪れた。一八三三年の春、かの女は知人を介してフォイエルバッハと知り合ったのである。二人の仲は、次第に親密の度をましていった。フォイエルバッハはしばしばブルックベルクの館を訪れ、かの女やその兄妹たちと歓談し、また時には館にしばらく滞在して、執筆の時を送ったりした。『近世哲学史』の続編と言える『ライプニッツ哲学の叙述・発展・批判』が完成し、出版されたのも、ちょうどこの頃のことである。

一八三七年一一月一二日、二人はブルックベルクの館で結婚式を挙げた。結婚とともに、フォイエルバッハは、このブルックベルクの館の正式の住人となった。都会での生活を捨てたかれは、豊かな自然に取り巻かれた田園での生活を、こののち二〇年以上にわたって続けることになる。この生活はまた、フォイエルバッハに経済上の安定をもたらした。フォイエルバッハの父親はすでに一八三三年に他界しており、フォイエルバッハは父親の遺産相続という形で、バイエルン政府から毎年いくらかの年金を受けていたが、ベルタとの結婚によって、家計は飛躍的に向上した。というのも、ベルタは製陶工場の共同経営者として、その純益の三分の一を受け取ることになっていたからである。おまけにこの館には立派な果樹園があり、そこからの収益も館の住人に分配された。野菜園や養魚池は新鮮な食べ物を提供したし、森は燃料用の薪を与えてくれた。こうしたきわめて恵まれた環境のなかで、フォイエルバッハはひたすら著述に専念することができたのである。

ベルタ＝レーヴ

ブルックベルクの一日

ブルックベルクでのフォイエルバッハの生活は、弟子のボーリンがことこまかに伝えているので、それを紹介することにしよう。

フォイエルバッハの一日は、早朝にはじまった。かれは自分で部屋を整理し、自分でストーヴに火を入れた。書斎はいつもきちんと整えられており、清浄の気がすみずみまでみなぎっていた。天才的な人間が往々にして示す生活の乱雑さは、フォイエルバッハには無縁であった。服装も清楚で、ぴったり身体に合った猟服のような短い上衣は、山の番人を想わせるものがあった。ドイツの学者たちが好んだスリッパにガウンといっただらしないスタイルを、フォイエルバッハはひどく忌《い》み嫌った。一日中長靴をはき、時には頭に家庭用の縁なし帽をのせていた。自分の家族の者をできるだけ私用のために使わないように気を配り、また時間をきちんと守って、人を待たせるということとは決してしなかった。

フォイエルバッハは、ブルックベルクの自然のたたずまいを心から愛した。書斎の窓からは、丘や森や牧草地や盆地が織りなす豊かな眺めが、平和に美しく拡がっていた。暑い夏の季節には、書斎は丘の上に移された。その場所はニワトコやアカシアや落葉松に囲まれ、地にはキヅタがはい、草が豊かに繁り、思索にふけるには恰好《かっこう》の場所であった。散歩道は園内からあちこちへと通じていた。草花を愛したフォイエルバッハは、どこにどのような草花があるかを知っており、開花期にはそこをたずねるのを楽しみにしていた。鉱物学にも興味があったので、散歩はまた鉱石の採集にあてられることがあった。

フォイエルバッハは、気さくで、偉ぶるところがなかったから、村の農夫たちもみなかれに対して好意をもっていた。おまけにフォイエルバッハは、気象の変化についてはかなり専門的な知識をそなえていたので、農夫たちはかれを頼りになる天気予報者として尊敬した。フォイエルバッハもまた、牧草地や畑の手入れの仕方や、家畜の飼育方法などに興味をもっていたので、散歩道で農夫に出会うと、話題にことかくことはなかった。ある貧しい農夫が天文学に興味をもっているのを知ると、フォイエルバッハはかれにいろいろ教えたり、やさしい解説書を貸し与えたりした。

日が暮れると、工場のひとびとは館の食堂でビールを飲みながら世間話に興じたが、家族と食事をすませたフォイエルバッハはいつもこの食堂へ出かけ、ひとびとの話に耳を傾けた。身分の上下ということも、ここではまったく問題にならなかった。フォイエルバッハはまた、旅廻りの楽師たちが村の居酒屋で腕前を披露するときには、必ずと言ってよいほど、家族を連れて聴きにいった。母や弟妹たちがブルックベルクに遊びにきてしばらく滞在することもあったが、そうした折には妹たちの合唱がフォイエルバッハの心を楽しませてくれた。

もっとも、フォイエルバッハは、ブルックベルクの村に閉じこもってばかりいたわけではない。天気の好い日には、かれはよく二時間以上の行程を歩いてアンスバッハの町へ出かけ、親しい関係にある音楽家や開業医と語り合った。大きな仕事を片づけた後などは、休養をかねてニュルンベルクやエルランゲンにまで足をのばし、知人たちと旧交を暖めた。フォイエルバッハがブルックベルクでの生活を選んだのは、人ぎらいからではない。むしろかれはあらゆる階層のひとびとと卒直に語り合うことを好む、暖い心情の持主であった。ブルックベルクに住まうようになったのも、人工的で喧騒《けんそう》に満ちた都会よりも、素朴な人間と自然に囲まれた田園の環境こそが、自分の思索を掘り下げていくのに最良の場所と信じたからであった。

女友達としての自然

『断片』のなかで、フォイエルバッハは語っている。「哲学者、すくなくとも私が哲学者とみなすひとは、自然を女友達としてもたなければならない。哲学者は自然をただ書物だけからではなく、面と向かい合って知らなければならない。私は以前から自然と親密な間柄になることにあこがれていた。私がこの望みをやっとかなえることができたのは、なんという幸福だろう。なるほど自然はここでは制限されており、貧しい。しかしライプニッツが語っていることは、完全に真理ではなかろうか。『ひとびとがすべてのもののうちに無限者を認めず、極小のうちに極大の正確な表現を認めないなら、ひとびとは自然の豊かさと美しさに不当な制限を加えているのである。』」

フォイエルバッハはまた、こうも言っている。「自然はいたるところで、もっとも美しくもっとも深遠なるものを、人間の意味での平俗なものに結びつけている。それゆえ、自然のもっとも平俗な欲求や現象に思考の最高の対象を結びつけ、動物の内臓のうちにまでも思弁の〈精神的栄養〉と素材を見出しているひと、そうしたひとだけが自然と調和して思考し、自然の方法にしたがっているのである。」

フォイエルバッハがここで強調している自然は、機械的法則にしたがう物理的自然でもなければ、ロマン派のひとびとがことさらに神秘化している自然でもない。それはわれわれの生活を取り巻いている自然であり、われわれの生活そのものの一部ともなっている自然である。つまりそれは、人間の日々の生活と融合した自然なのである。したがって、フォイエルバッハのこうした自然主義を、たんなる機械論的な唯物論と同一視することも誤りである。自然は人間をつつみつつそれを生かす力であり、しかも人間を人間として、人間をその全体性において、生かす力である。「私はドイツの大学で論理学を学んだ。しかし私は光学《オプティーク》を、見る技術を、ドイツの村で学んだ」という言葉も、ここから理解できるであろう。自然と親しく付き合い、自然のなかで自らの生を確かめる眼をもつこと、これがフォイエルバッハの言う〈光学〉であり、ブルックベルクの自然が恵んでくれた思考方法であった。

『ピエール＝ベール』

ブルックベルクに落ち着いたフォイエルバッハは、『近世哲学史』と『ライプニッツ』に続く三番目の哲学史書を完成した。『ピエール＝ベール、哲学と人類の歴史への一寄与』（一八三八）がそれである。ピエール＝ベール（Pierre Bayle, 1647—1706）は、哲学史の上では一七世紀後半の懐疑論者として扱われ、『歴史的ならびに批判的辞典』（一六九七）によって、ヴォルテール（Voltaire, 1694—1778）やモンテスキュー（Montesquieu, 1689—1755）に代表される一八世紀フランス啓蒙思想の先駆的役割を果たした哲学者とされている。ベールはライプニッツ（Leibniz, 1646—1716）の予定調和説にも反対し、信仰と理性の間に決定的な矛盾があることを強調した。ライプニッツの『弁神論』（一七一〇）は、ベールのこの批判に対して、信仰と理性、つまり宗教と哲学の宥和《ゆうわ》を意図して書かれたものであるが、フォイエルバッハが『ライプニッツ』に続く第三冊としてベールを対象に選んだのも、直接にはこうした事情によるのであろう。

　信仰と理性の矛盾は、フォイエルバッハによると、近世のあらゆる思想家のうちに見出される矛盾である。しかしこの矛盾を矛盾として考え抜いた思想家は稀である。デカルト（Descartes, 1596—1650）にせよ、ライプニッツにせよ、この矛盾を真に解決するには至らなかった。かれらは「真理の平和」のうちにではなく、「無意識的な自己欺瞞《ぎまん》の平和」のうちに、あるいは「もっとも洗練された自己詐欺の平和」のうちに、生きたのである。しかしベールはちがう。なるほどベールも、両者の矛盾を解決することはできなかった。だがベールは旺盛な批判的懐疑的精神を働かせ、矛盾を矛盾として徹底的に吟味した。ベールのこの精神を過去のものとして葬ってはならない。信仰と理性はいまなお矛盾したままだからである。フォイエルバッハは、この書物で、すでに過去のひととなりかけていたベールを、忘却の淵から救おうとしたのである。

　フォイエルバッハはまた、ベールのうちに、「学的な男の徳によって飾られたひとりの実践的な哲学者」を見出した。「学的な男」は、「正義と真理のための勇敢な闘士」であるが、しかし「平和を求める天性」をもち、自説に固執しない。かれはまた大衆のおしゃべりを気にせず、右顧左眄《うこさべん》しないで、自らの途を歩む。かれは研究と仕事のほかはなにも享受しない。かれは人間的であって、うぬぼれからくる僭越《せんえつ》さとは無縁である。かれは人間のことをすべて善意に考え、邪悪な思想のために時間を費したりはしない。かれはもちろん世俗的な名誉や富を求めず、自由な精神に自足している。フォイエルバッハがベールについてこう語るとき、そこにはフォイエルバッハ自身の哲学に対する姿勢が語られていると見るべきであろう。「ベールの念頭にあったのは、ただ完全に自由で完全に無制限な私的学者だけであった」とフォイエルバッハは語っているが、これはフォイエルバッハ自身の境涯にもつながる興味ある発言である。

ヘーゲル哲学批判

「ハレ年報」への寄稿

この頃フォイエルバッハは、新たにひとりの知己をえた。当時ハレ大学の私講師をしていたアーノルト＝ルーゲ（Arnold Ruge, 1802―80）である。ルーゲは、『イエスの生涯』の著者シュトラウス（Straus, 1808―74）や、ブルーノ＝バウアー（Bruno Bauer, 1809―82）らとともに、当時のドイツの政治的現実に批判的な新進若手グループを形成し、一八三八年にその機関誌として「ハレ年報」を発刊した。後に青年ヘーゲル派とかヘーゲル左派と呼ばれるようになるグループである。フォイエルバッハは、このルーゲから「ハレ年報」に寄稿してほしいとの手紙を受け取った。なんのかんのと原稿に注文をつけ、挙句には筆者に無断で原稿に大幅な削除を加えたりするベルリンの「学的批判年報」のやり方に不満を懐いていたフォイエルバッハは、ルーゲの勧めに快く応じ、以後数々の書評や小論文を「ハレ年報」に発表することになった。

フォイエルバッハが最初に寄稿したのは、『経験論批判のために』という小論で、これは前年に出版されたドルグートの『観念論の批判』に対する批判である。ドルグートというひとは、裁判所の判事で、余技として哲学を楽しんでいたひとで、ヘーゲル没後の哲学界の動向を機敏に察知し、人間の思考作用は観念論が主張するように身体から独立した作用ではなく、実は「脳の活動」にすぎないといった、きわめて粗野な唯物論を『観念論の批判』のなかで展開したのである。

フォイエルバッハは、ドルグートのこの主張を、真正面から攻撃した。思考作用は、そのものとして直ちに脳の活動であるのではない。脳の活動は、なるほどわれわれが思考を営むための条件（しかもきわめて間接的な条件）であるかもしれない。われわれはそうした脳の活動を、生理学の対象として扱うこともできる。しかし思考そのものはなんら生理学の対象ではなく、哲学の対象である。「思考はただそのもの自身によってのみ規定されているし、また規定されることができる。すなわち思考は、ただ思想（思考されたこと）から、そしてそれを通じて、認識されることができる。思考の本性から、思想の本質から汲み出された諸規定だけが思考を規定し、思考についてなにかを言明するのである。」

思考は脳の作用にすぎないといった粗野な唯物論を、フォイエルバッハは終生採用しなかった。かれにとって問題となるのは、思考と脳作用との関係ではなくて、思考と感覚との関係である。この小論のなかでも、フォイエルバッハは、思考作用はそれ自体としては独立な作用であるが、感性的人間である私にとっては独立な作用ではない、と語っている。思考はたんなる脳作用ではないが、私という感性的人間の営みである。そしてその限りにおいて、私という人間を超絶した絶対的思考なるものは存在しない。こうした考えが、やがてヘーゲル批判へとつながっていくのである。

一八三九年に「ハレ年報」に発表した『ヘーゲル哲学批判のために』のなかで、フォイエルバッハはこの問題と正面から対決した。フォイエルバッハはこの論文でヘーゲル哲学をはっきり批判し、自分自身の立場をはじめて明確に打ち出したのである。そこでしばらくこの論文の内容に注目することにしよう。

ヘーゲル哲学の前提　ヘーゲルの弟子たちに言わせると、ヘーゲル哲学は「絶対的な哲学」であり、「哲学の理念の絶対的現実」である。だがはたしてそうだろうか。哲学そのものが一哲学者のうちで絶対的に実現するなどとは考えられない。それはちょうど、芸術そのものが一芸術家において絶対的に実現するなどということがありえないのと同様である。どの哲学者の哲学も、時代の産物として、つねに限定された特殊な哲学である。ヘーゲルの場合も例外ではない。「しばらく来たるべき数世紀の未来に身を置いて考えてみよう。その時には、すでに時間から見ても、ヘーゲル哲学はわれわれになじみの薄い、一つの伝承的哲学ではなかろうか。われわれは別の時代の哲学、過去の哲学を、われわれの哲学、現代の哲学と見なすことができようか。」フォイエルバッハはまずこうした現点から、ヘーゲル哲学が実は特定の時代の特殊な哲学であることを証明しようとする。

つまりかれによると、歴史上ある特定の時代に位置する哲学は、つねにそれに先行する特定の哲学に連関しており、したがってつねにある特定の前提から出発する。ヘーゲル哲学といえども、この鉄則から逃れることはできない。だがヘーゲルは、『論理学』の冒頭で「なにが学のはじまりとされなければならないか」を問題にし、まったく無規定で直接的な「純粋な存在」を出発点に置いた。ヘーゲルによると、「はじまりはなにものをも前提してはならないし、なにものにも媒介されてはならず、別の根拠をもつものであってはならない」のである。

ヘーゲルはこのように、自分の論理学が無前提から出発すると主張する。しかしそれでは、ヘーゲルはなぜ「それ自身もしくは学の上で最初のもの」にこだわり、それを哲学の出発点に置こうとするのであろうか。それはフォイエルバッハに言わせると、ヘーゲルの哲学に対する関心がもっぱら体系的・形式的なものにむけられていたからであり、それは歴史的にはヘーゲルに先立つフィヒテの知識学の立場に依存していることを物語っている。多少逆説的だが、無前提から出発すべきだというヘーゲル哲学は、哲学が学もしくは体系として無前提であるべきことに固執するという、まさにその点において、実は特定の前提から出発しているのである。

フォイエルバッハは、そこからさらに進んで、無前提から出発する哲学の学的叙述である体系が、哲学の本質であるとする、ヘーゲルの考えを批判する。たしかに「ヘーゲル哲学はこれまでに現れたもっとも完全な体系」であるが、しかしフォイエルバッハによると、「終わりにおいてそのはじめに帰る」円運動を特徴とする「体系的思考」は、もともとたんに自らを論証し叙述する思考にすぎないのであって、本質的な思考とは言えない。本質的な思考、つまり「思考それ自体」と、その叙述や論証は、本来区別されるべきものである。本質的思考においては、私は私自身で思考するのであり、「他人は誰も私のかわりに思考することはできない」。だがそれに続いて、私は私の

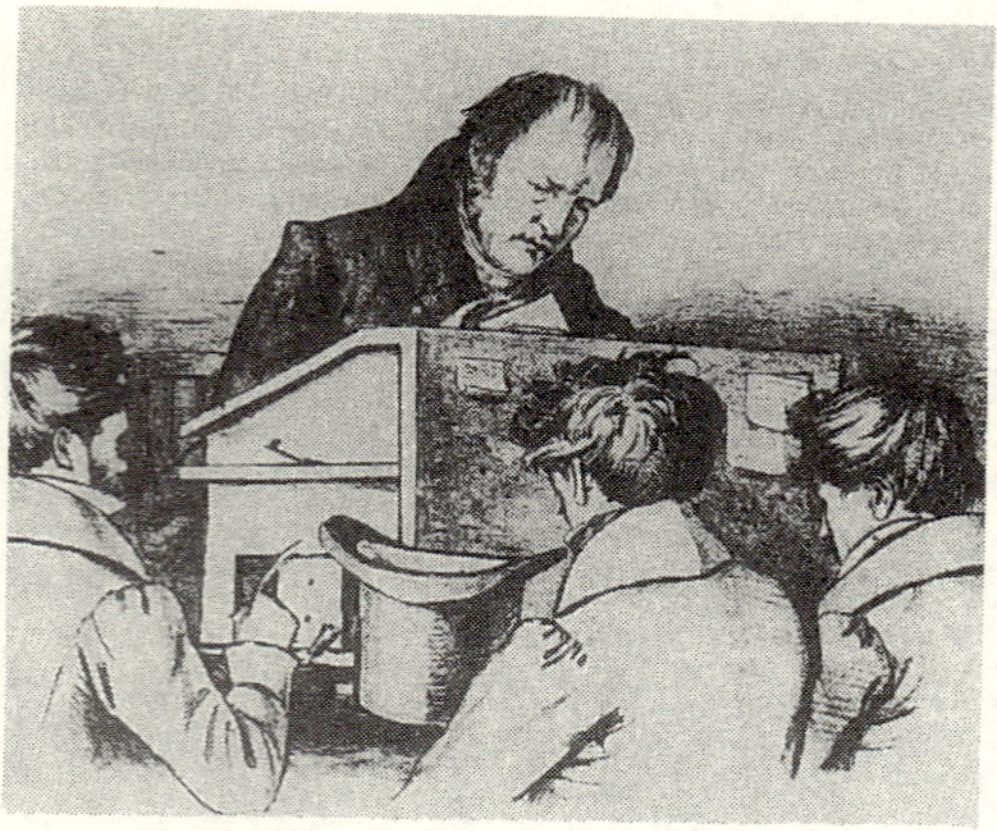

講義をする
ヘーゲル

思考したことが真実であることを示すために、それを論証しつつ叙述する。つまり論証は、自己活動としての本質的思考とは異なって、もともと「他人に対する思想の媒介活動のうちにのみその根拠をもつ」のである。

　では、私は私の思想をなぜ他人に対して叙述し論証するのであろうか。それはフォイエルバッハによると、「私の思想がたんに私のものではなくて思想それ自体であり、したがって私のものであると同時に他人の思想でもありうること」を確証するためである。「論証」とは、「理性の同一性の認識へ導く『私』と『汝』との媒介」である。私は私の思想がたんなる私の思想に、いわゆる「主観的」な思想にとどまることを欲しない。私はそれが万人の認める「客観的」な思想となることをめざして、それを叙述し論証する。「真なるものは私だけのものでもなければ、汝だけのものでもなく、一般的である。思想は、『私』と『汝』とが一致することによって、真の思想である。」

　ところで論証や叙述は、「思想の伝達形式」にすぎないから、叙述された哲学の一体系をそのまま無批判的に「哲学そのもの」とみなしてはならないことになる。「伝達された思想」は、「言葉へと外化された思想」であって、それはつねに「精神を殺す働き」をもっている。叙述された体系は、いずれも「理性の似姿」にすぎず、「理性の客体」であるにすぎない。もしこうした体系を、哲学的思索のための手段としてではなく、目的として扱うならば、つまり「間接的で形式的な思考」を、「直接的で根源的な、実質的な思考」に置きかえるならば、それは「創造的な精神を殺し、精神と文学との区別を不可能にする」のである。

フォイエルバッハのこうした批判が、ヘーゲルの哲学体系を金科玉条とするヘーゲル学徒にむけられていることは、言うまでもない。書かれた体系としてのヘーゲル哲学を絶対視するヘーゲル主義者は、すべてこの点ですでに誤っていることになる。いな、ヘーゲル主義者だけではない。ヘーゲルそのひともまた、「体系をいわば理性そのものにする」ことによって、「形式を本質に、思想の他人に対する存在を存在そのものに、相対的な目的を究極の目的にした」。このように「ヘーゲルがすべてを叙述のうちにおしこめ、われわれのうちにある知性に訴えかけないという点に、形式主義とか主観性の無視とか不平を言われる、真の、そして究極の根拠がある」のである。

存在は思考に先立つ

フォイエルバッハのヘーゲル批判は、このようにまず、「本質的思考」と「体系的思考」を区別することから出発する。ヘーゲル哲学の難点は、この両者を重ね合わせ、同一視している点にある。ところで「思考は思考の叙述に先立つ」から、

「叙述におけるはじまりは叙述にとってのみ最初のものであって、思考にとって最初のものではない』。叙述において最初のものは、決して「直接的なもの」ではなく、すでに思想のうちで「定立されたもの」であり、「媒介されたもの」である。では、叙述にとってではなく、叙述に先立つ思考そのものにとって最初のもの・直接的なものは、いったい何であろうか。

それはフォイエルバッハに言わせると、もはや思考のうちで思考によって定立され媒介されたものではなく、思考のいわば外にあって思考に根源的に対立し、その意味で思考そのものの自立性を否定するような、思考の対立者でなければならない。思考は、したがってまた哲学は、もしそれが思考にとって真に直接的なもの・最初のものから出発すべきであるとするならば、実はこうした自らの対立者から出発しなければならない。つまり「前提なしにはじまる唯一の哲学は、自分自身を疑う勇気をもち、自分の対立者から自分を生み出す哲学」なのである。

では、そうした思考の対立者はなにか。「存在」こそがそれである。なるほどヘーゲルもまた、『論理学』のはじまりに「存在」を置いた。ヘーゲルが論理学のはじめに据えた「存在」は、ヘーゲル自身の規定によると、「直接的なもの」であり、「無規定なもの」であり、「自己同一なもの」である。だがフォイエルバッハによると、ここではすでに直接性とか無規定性とか同一性といった概念が前提されている。その意味でヘーゲルの「存在」はすでに思考によって媒介された存在であり、思考のうちに取り込まれた存在であって、もはや思考の外にあって思考に対立する「存在」ではない。

思考に対立する、思考の他者としての「存在」は、フォイエルバッハによると、純粋存在とか存在一般といった概念ではなく、われわれの感性に直接与えられるこのものとかあのものといった「感性的で具体的な存在」である。さまざまな事物があるように、存在もまたさまざまである。と言うのも、「存在は存在する事物と一つのもの」だからである。存在はいずれも規定された特定の存在である。無規定な存在といったものは、思考の産物でしかない。ヘーゲルの論理学は、「感性的直観との直接的断絶」から出発するために、思考の外に存在するものをその個別的で独自な存在において捉えることができないのである。

しかしヘーゲルの擁護者は、こう言うかもしれない。『精神現象学』でのヘーゲルは、感性的個別的な存在を意識にとって真の実在とみなす「感性的確信」から出発しているのではないか、と。だがフォイエルバッハによると、そこでは個別的な存在がいつのまにか一般的な存在にすりかえられている。「ここ」と言ってもそれは一般的な「ここ」であり、「いま」と言ってもそれは一般的な「いま」である。つまりヘーゲルによると、「一般的なものが感性的確信の真理であり、言語だけがこの真理を表現するから、われわれが自分たちの思い浮べている感性的存在を言いあらわすことは、まったく不可能」なのである。だがフォイエルバッハに言わせると、個別的存在が言いあらわせないことは、感性的意識の反駁《はんばく》とはならない。というのも、感性的意識にとっては、言語はどうでもよいのであって、そこでは「感性的個別的存在の実在性は、われわれの血で確証された真理」なのである。つまりヘーゲルは感性的意識について語るが、しかし実際に感性的意識のうちに身を置いて考えてはいない。論理学と同じように精神現象学もまた、実は「感性的意識との絶対的断絶」から出発しているのであり、だからこそヘーゲルはいとも簡単に感性的意識を止揚《しよう》できたのである。

以上のヘーゲル批判から、フォイエルバッハ自身がどのような哲学を志向しているかは、おのずから明らかとなろう。この論文の最後の箇所で、フォイエルバッハは次のように語っている。「哲学は、真理と全体性における現実の学である。ところで現実の総体は、自然（言葉のもっとも普遍的な意味での）である。もっとも深い秘密は、彼岸に思いこがれる空想的な思弁家が足で踏みにじっている、もっとも単純な自然の諸事物のうちに横たわっている。自然への還帰こそが、救いの唯一の源泉なのである。」フォイエルバッハがなぜ思考に対立する感性の役割を重視したかも、以上から明らかであろう。ブルックベルクでフォイエルバッハが学んだ「見る術」としての「光学」は、かれをヘーゲル哲学の思弁のかたまりから解放し、自然のありのままの姿を素朴に肯定することへと導いたのである。

主著『キリスト教の本質』

ヘーゲル右派とヘーゲル左派の対立

『ヘーゲル哲学批判のために』とならんで、この頃フォイエルバッハは、キリスト教やキリスト教神学の批判に関係した論文をも公表した。『哲学とキリスト教について――ヘーゲル哲学に加えられた非キリスト教性という非難に関連して』(一八三九)とか、『奇跡について』(同年)とかがそれである。処女作で不死信仰を扱ったことからも知られるように、フォイエルバッハは以前から宗教に対して深い関心を寄せていた。ところで一八三五年にシュトラウスが『イエスの生涯』を発表したのをきっかけとして、同時代の進歩的な若いヘーゲル学徒の間に、宗教批判の気運が一段と高まってきた。シュトラウスはこの書物で、福音書を批判的に吟味し、その内容は実は神の子イエスの福音ではなく、原始教団によって作られた神話にすぎないとして、奇跡をも否定した。この書物が投じた一石は波紋をよび、ヘーゲル学派の内部での保守派と進歩派の対立は、いっそう鮮明な形をとることになった。

この二つの派は、「ヘーゲル右派」と「ヘーゲル左派」、あるいは「老年ヘーゲル派」と「青年ヘーゲル派」と呼ばれるようになるが、このうちヘーゲル右派は、フォイエルバッハが『ヘーゲル批判』で非難したヘーゲル学徒、つまりヘーゲル哲学を絶対視してその維持に専念したひとびとで、たとえばヘーゲルの死後その全集の編纂に努力したヘニング（Henning, 1791—1866）とか、ベルリン大学でヘーゲルの後継者となったガブラー（Gabler, 1786—1853）があげられる。これに対して、シュトラウス、ルーゲ、バウアー、フォイエルバッハなど、「ハレ年報」で急進的な思想を展開したひとびとがヘーゲル左派に属し、キリスト教批判もこれらのひとびとによって積極的に押し進められたのである。ちなみに、この二つの派のほかに、「ヘーゲル中央派」と呼ばれるひとびともいて、エールトマン、ツェラー（Zeller, 1814—1908）、クーノー＝フィッシャー（Kuno Fischer, 1824—1907）といった有名な哲学史家たちがこのグループに数えられている。

フォイエルバッハの『哲学とキリスト教について』も、実はハレ大学の歴史学者レオ（Heinrich Leo, 1799—1878）が、『ヘーゲル党』（一八三八）という書物のなかで、青年ヘーゲル派が公然と無神論を唱えていると非難したのに対して、書かれたものである。フォイエルバッハはこの論文で、哲学と宗教とをきっぱり区別した。ヘーゲル哲学についても、それがキリスト教の教説と一致するかそれとも矛盾するかといった問いは、愚かな問いであり、無意味な問いである。ヘーゲル哲学が非キリスト教的であると非難する人間がいるとすれば、その人間はそもそも哲学とは何かを知らない人間なのである。

『哲学とキリスト教について』

フォイエルバッハによると、哲学と宗教は、人間のうちにある二つの異なった精神活動に基づいている。哲学の土台は思考であるし、宗教の土台は心情と空想である。哲学と宗教はこのようにもともと異質的であるから、ある哲学を非キリスト教的であるとか、あるいは無神論であるという理由で非難するのは、筋違いである。哲学は「一つの独立した学」であるし、「哲学の最高の法則は理性」である。「哲学にとっては神聖なものが真実なのではなくて、ただ真実なものだけが神聖なのである。」哲学はそうした意味で自由でなければならない。自由は哲学の存在根拠である。哲学を誹謗《ひぼう》する人間は、哲学の至上命令である「思想の自由」を、宗教的狂熱や政治的狂熱に見られる「盲目で無制限な破壊欲」と混同しているのである。

哲学は理性に基づく思考を旨とし、宗教は心情に基づく信仰を旨とする。その限りで、哲学は信仰そのものと戦ったり、それを否定したりはしない。信仰に対して、哲学は理性を通じてなにもすることができないのを知っているからである。これに対して、哲学が戦うことができ、また戦わなければならないのは、「信仰の理論」としての神学である。というのも、神学は、宗教的なもろもろの表象を「真理それ自体」として、「知性の法則」として、主張するからである。哲学は真実な信仰に対しては何も言わないが、神学のうちに表現されている「抽象的な、少なくとも形式的には学的な対象へと高まった信仰」については、その内容を吟味することができる。しかもフォイエルバッハに言わせると、こうした「博士たちの信仰」は、もはやなんら真実の信仰ではなく、生きた信仰ではない。「学問的に自分を誇示する信仰」は、実は「不信仰の洗練された反省的産物」なのである。

ここにはまた、宗教に対するフォイエルバッハ自身の二様の態度が示されている、と見てよいでではないのであろう。フォイエルバッハは、宗教的心情に基づく素朴な信仰を、そのものとして否定するのではない。つまり神に対する信仰そのものの意義を否定する無神論者ではない。だがフォイエルバッハは、神学のうちで抽象化された神に対しては、否定的な態度をとる。真実の信仰の対象となる神と、神学のうちで思考された神とは、別物なのである。しかしそれにしても、そもそも神とは何であろうか。素朴な信仰者の神と学者の神とは別物であると言うだけで、ことは決着するであろうか。学者たちの神は、なぜ不信仰の産物なのであろうか。あるいはまた、この二つの神は、やはりどこかで繫《つな》がっているのではないか。こうした反省がフォイエルバッハを捉え、それがかれをさらに徹底した宗教の考察へと赴かせるのである。

そうした方向は、『哲学とキリスト教について』のなかでも、すでに示されている。フォイエルバッハは、この論文で、ヘーゲルの宗教哲学が神を個別的な存在としてではなく、もっぱら一般的な存在として扱い、したがってそこでは神は類概念にすぎないという外部からの非難に対して、ヘーゲルを積極的に擁護する。「人間の個人が、根源的に人類の本質から、つまり人間の類から、由来するのでないようなものを、自分の頭や心情のうちに取り入れることができるだろうか。……人間が思考したり感じたりするものは、すべて絶対的に人間の類によって規定されているのではないか。人間が考えることのできるもっとも崇高な諸規定は、人間の類から借りてこられた諸規定にすぎないのではないか。私は言うが、思弁が、そして宗教ですらもが神性に与えることができるすべての述語は、類概念、つまり人間が自らの類から取り入れた諸概念以外のなにものであろうか。」

つまりフォイエルバッハによれば、神とはまさしく類概念であり、しかも人間の類概念である。だがヘーゲルはこのことを徹底して追究しようとはしなかった。「ヘーゲルがこのことを自分ではっきり言明しなかったのは、悲しむべきことである。……もしヘーゲルが人間の類概念をこの点に関して十分に適用していたら、ヘーゲルの哲学はいまそれを取り巻いている神秘主義というあいまいな光輪をもたなかったであろうし、あらゆる宗教的な思弁と教義学に対して唯一の真実で批判的な関係に立ち入ることになったであろう。」このようにフォイエルバッハは、一面においてヘーゲルを擁護しながらも、他面においてその不徹底を批判するのである。

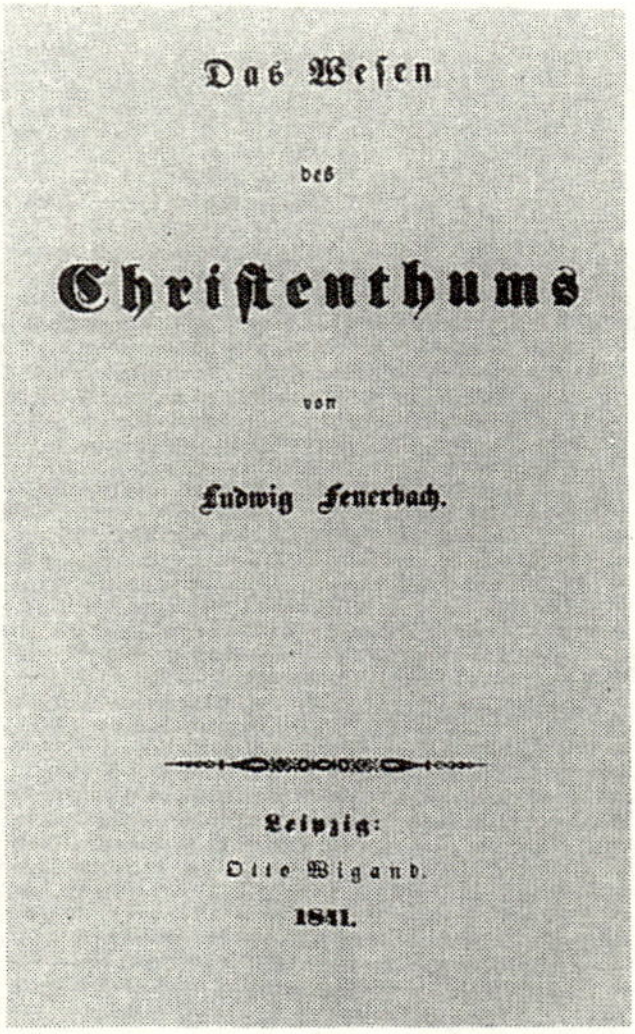

『キリスト教の本質』初版

『キリスト教の本質』の出版

フォイエルバッハがとるべき途も、これによって確定した。宗教の対象としての神も、思弁の対象としての神も、人間の類概念である点において共通している。では、その違いはどこにあるのか。フォイエルバッハはこのことを念頭に置きながら、まずキリスト教の神に問題を集中し、これまで神について語られてきた膨大な資料と取り組みながら、キリスト教の神が人間の類概念以外の何ものでもないことを明らかにしようと努力した。その成果は、一つの著述にまとめられた。一八四一年に公刊された『キリスト教の本質』がそれである。

この書物の出版をめぐって、一つのエピソードがある。それはフォイエルバッハが、出版元に対して、この書物をはじめは匿名で出版することを希望し、その際には『汝自らを知れ——または宗教の秘密と神学の幻想』とか、『純粋非理性批判への寄与』とかが、「薬味のきいた表題」として適当である、と書き送っていることである。ソクラテスから借りた「汝自らを知れ」は、宗教の秘密が人間の自己認識の徹底によって解明できることを示唆したものであろうし、カントの『純粋理性批判』をもじった「純粋非理性批判」は、神学がまったくの非理性に基づくとする痛烈な皮肉であろう。理由は明らかでないが、フォイエルバッハのこの申し出は受けいれられず、表題もしごくまっとうな『キリスト教の本質』に落ちついたのである。

この書物は出版されるやいなや、ひとびとの間に大きな反響をよび、フォイエルバッハは一躍時代の寵児《ちょうじ》として迎えられることになった。もちろんさまざまな批判も加えられたが、フォイエルバッハはそれに対する反論をも含めて初版を増訂し、二年後に第二版を世に送った。今日フォイエルバッハと言えば、誰でもまずこの『キリスト教の本質』を思い出すであろうし、逆に『キリスト教の本質』と言えば、すぐにフォイエルバッハの名を思い出すであろう。『キリスト教の本質』は、そうした意味で、まさにフォイエルバッハの代表作であり、主著の名にふさわしい書物なのである。そこですこしページを割いて、この書物の内容を考察することにしよう。

人間の本質

『キリスト教の本質』の「緒論」は、「人間の本質一般」と「宗教の本質一般」という二つの章から成っている。まず「人間の本質一般」から見ていこう。

フォイエルバッハによると、宗教をもつのは人間だけであり、人間以外の動物は宗教をもたない。とすれば、宗教は人間のみがそなえている人間の根本特性、つまり人間の本質に基づいて生じたにちがいない。では、人間をほかの動物から決定的に区別する人間の本質は、どこに求められるであろうか。フォイエルバッハによると、「人間を動物から本質的に区別するもの」は、一般に「意識」とされているが、しかし意識のうちに自分を感受する「自己感」とか、さまざまなものを感覚的に区別する「感性的識別力」とかを含めるとすれば、動物も意識をもつことになる。なぜなら、動物もまた自己感や感性的識別力をそなえているからである。人間のみが意識をもつと言えるためには、意識というものをさらに限定して考えなければならない。

そこでフォイエルバッハは、「もっとも厳密な意味での意識は、あるものに対してそのものの類や本質が対象となるところにのみある」と考える。こうした規定をそなえた意識をもつのは、人間だけである。人間だけが「人間」という自らの類や本質を対象とすることができる。動物はそれぞれ個としての自分を対象とすることができ、「自己感」をもつが、しかし自分の所属する類を類として対象とすることはできない。動物が自分の類の名を（たとえば馬が「馬」というように）もつことができないのも、そのためである。動物はそれぞれ個として完結した「一重の生活」を送るが、人間は自らの類に関わる「内的生活」と、個に関わる「外的生活」とを合わせもつ「二重の生活」を送る。フォイエルバッハは、このようにまず、人間が自らの類を対象とする類的存在であることを強調する。人間だけが宗教をもち、人間以外の動物が宗教をもたないのは、人間が類的存在であることによるのである。

　では、人間が意識の対象とし、それと関わりあっている人間の類（本質）を形成するものは、何であろうか。それは「理性」と「意志」と「心情」である。「完全な人間には、思考の力と、意志の力と、心情の力とがそなわっている。思考の力は認識の光であり、意志の力は性格の活力であり、心情の力は愛である。理性と愛と意志の力とが完全性であり、最高の力であり、人間としての人間の絶対的本質であり、人間の現存の目的である。」フォイエルバッハは、ドクター論文では、理性こそが人間の本質であり、人間の類である、と語っていた。ここではそれに意志と心情とが加わる。フォイエルバッハの「人間」は、その内容においていっそう豊かになったと言えるであろう。「人間のうちにあり、個々の人間をこえて存在する神的な三位一体は、理性と愛と意志との統一」である。個々の人間は、人間の類を形成するこの三位一体に与《あずか》ることによって、はじめて人間として存在するのである。

　人間の類としての理性・意志・心情は、完全であり、無限である。なるほど個として、人間は、自分が制限された存在であることを認める。だがフォイエルバッハによると、個々の人間が自らの有限性を意識できるのは、すでに類の完全性や無限性がかれにとって意識の対象となっているからである。そうでなければ、かれは個体としての自分が有限であることにも気づかないであろう。無限なものがすでに意識されているからこそ、それとの対比において、おのれの有限性に気づくのである。

したがって、個人がもし個としての自分がもつ制限をただちに類の制限であるとし、人間というものはそうじて有限な存在であると考えるならば、これは個が自分をただちに類と同一視するという誤解に基づいている。個人の思考能力が限られていて、有限であるとしても、類としての理性そのものは無限であり(ドクター論文を参照されたい)、個人の愛は不完全であるとしても、類としての愛の力は無限である。「人間の本性を成しているもの、個人の絶対的本質である類の本質を、有限で制限されたものと規定するのは、笑うべき妄想であり、冒瀆《ぼうとく》的な妄想である。」

人間の類的本質は、このようにもともと無限であるが、フォイエルバッハが人間に与えたいま一つの規定は、人間は自らが対象とするものにおいて自分自身を意識する、という規定である。人間の活動はつねに対象に対する活動であって、「対象がなければ人間は無」である。ところで「ある主観が本質的かつ必然的に関わりあう対象は、この主観自身の――だが対象化された――本質以外のなにものでもない」。つまり「対象の意識は人間の自己意識」であり、人間が何であるかは、つまり人間の本質は、人間が関わりあう対象においてあらわになる。「対象は人間のあらわな本質であり、人間の真実にして客観的な自我」なのである。

このことは逆に言えば、人間は自分の本質に関わりのないものを対象とすることはない、ということである。「したがってもし君が無限なものを思考するならば、君は思考能力の無限性を思考し確証しているのであり、君が無限なものを感じるなら、感情能力の無限性を感じ、確証しているのである。理性の対象は自己に対して対象的な理性であり、感情の対象は自己に対して対象的な感情である。」人間が無限なものを対象にするとすれば、それは人間の無限な類的本質であって、それ以外の何ものでもない。ここにはすでに、無限なものとしての神が「人間の絶対的本質」にほかならないことが予示されているのである。

「宗教は人間の自己分裂」

人間の本質の規定に続いて、フォイエルバッハは、「宗教の本質一般の規定」に入る。いま述べたように、人間は自らの対象を通じて自分が何であるかを意識する。ところで宗教的対象である神は、感覚の対象とはちがって、人間のうちにある内面的な対象であり、人間にとってもっとも親密な対象である。フォイエルバッハが引用しているアウグスティヌス（Augustinus, 354—430）の言葉によれば、「神はわれわれにとって、感性的物質的な事物よりもいっそう近く親密であり、それだけまたいっそう容易に認識される対象」なのである。

したがって、宗教においては、「人間の対象は人間の対象的本質以外のなにものでもない」という命題が、無制限に妥当する。「人間が思考する通りに、また感ずる通りに、人間の神は存在する。人間の神は人間がもつのと同じだけの価値をもち、それ以上の価値をもたない。神の意識は人間の自己意識であり、神の認識は人間の自己認識である。君は人間の神から人間を認識し、そしてまた人間から人間の神を認識する。人間と人間の神は一つである。人間にとって神であるものは、人間

現在のブルックベルクの館　岡田雅勝氏撮影

の精神、人間の魂であり、人間の精神、人間の魂、人間の心情であるものは、人間の神である。神は人間のあらわになった内面であり、人間の語り出された自己である。」

このように神はもともと人間の本質であるが、にもかかわらず宗教的人間は、このことをこのこととして、つまり神の意識が人間の自己意識にほかならないことを、それとして自覚しているわけではない。というのも、「人間は自分の本質を自分のうちに見出すのに先立って、それをまず自分の外に置く」からである。言いかえれば、「人間固有の本質は、人間にとってまずほかのものの本質として対象になる」。これはちょうど幼児が人間の本質を自分のうちにではなくて自分の外に、つまり大人である他人のうちに見出すのと同じである。宗教は、そうした意味で、「人間の幼児的な本質」なのである。

宗教の歴史的進歩ということも、こうした角度から考えることができよう。つまり宗教の歴史的進歩とは、前段階の宗教で客観的なものとして認められていたものが、後の段階の宗教では主観的なものとして認められるということであり、前段階で神として直観され尊崇されていたものが、後の段階では人間的なものとして認識される、ということである。幼児は他人のうちに見出していた自分の本質を、しだいしだいに自分自身の本質として自覚するようになるが、それと同じように、宗教も神として対象化された人間の本質を、しだいしだいに人間自身の本質として自覚するようになる。「宗教における進歩とは、いずれも（人間の）自己認識を一段と深めること」なのである。

どの宗教も、前段階の宗教を偶像崇拝であると非難する。だがフォイエルバッハによると、後の段階の宗教といえども、それが宗教である限りは、偶像崇拝から抜け出すことはできない。それは依然として人間の本質を神として、人間の外に存在する「超人間的なもの」と考えているからである。宗教はどの段階に達しても人間の本質を神として人間の外に立て、こうした神的なものに対して改めて人間的なものを対立させる。ここに宗教の秘密があり、宗教の本質があるが、しかしそれは宗教に生きる宗教人にとっては、隠されたままである。それをあばくのは哲学者の役目であり、つまりはフォイエルバッハが『キリスト教の本質』で自らに課した課題なのである。

そこでフォイエルバッハは、これまでの考察をふまえて、宗教の本質を次のように規定する。「宗教、少なくともキリスト教は、人間が人間自身に対してとる態度である。あるいは、いっそう正確には、それは人間が自分の本質に対してとる態度であるが、しかしここでは、自分の本質に対する態度は、あるほかの本質に対する態度という形をとっている。神の本質とは、人間の本質にほかならない。あるいはいっそう正確には、それは個人すなわち現実的・肉体的人間の制限から切り離され対象化された人間の本質であり、言いかえれば、個人から区別された他の独自な存在として直観され尊崇された人間の本質である。それゆえ、神的なもののすべての規定は、人間の本質の規定である。」

宗教のこうした規定と関連して、フォイエルバッハはまた次のように語っている。「われわれの課題は、神的なものと人間的なものとの対立は幻想的な対立であること、すなわちそれは人間の本質と人間の個人との間の対立にほかならないこと、したがってキリスト教の対象と内容はまったく人間的なものにすぎないことを、証明することにある」、と。人間がなぜ自らの本質を自己の外に神として立て、それを尊崇するかと言えば、それは類としての人間の本質が無限であるのに対して、個としての人間がいずれもそれだけでは制限された存在であり、有限な存在だからである。神が人間の類的本質であるにもかかわらず、それが個としての人間の外に存在する他者として立てられるのは、人間のうちにおける類と個の分裂・対立という、これまた人間の基本的な構造に由来する。一言で言えば、「宗教は人間の自己分裂」なのである。

宗教の人間的本質と非人間的本質

宗教とは、個としての人間が自分の外に人間の類的本質を神として立て、これを崇めることである。そしてここからまた、フォイエルバッハによると、「宗教のもっとも内面的な本質を特徴づけるきわめて注目すべき現象」が出現する。それは人間の外に立てられた神が、その本質の上で人間的であればあるほど、神と人間の区別が外見の上でますます大きくなり、神的本質と人間的本質との同一性がますます否定され、人間に帰属する人間的なものがますます人間から削減される、という事態である。つまり「神が主観的であり人間的であればあるほど、人間はますます自らの主観性と人間性とを疎外する」が、それというのも、「神はまさにそれ自体において人間の疎外された自己にほかならない」からなのである。

　フォイエルバッハの言葉を引こう。「神を富ませるためには、人間は貧しくならなければならない。神がすべてであるためには、人間は無でなければならない。しかしまた、人間は自分自身のために無である必要はない。なぜなら、人間が自分から取り去るすべては、神のうちで消え失せるのではなく、保存されるからである。人間は自分の本質を神のうちにもっている。それゆえ人間は、どうしてそれを自分のうちに、また自分のためにもつ必要があろうか。人間が同じものを二度措定《そてい》し、二度もつ必要がどこにあろうか。人間が自分から取り去るもの、人間が自分自身では欠いているもの、そうしたものを人間は神のうちで比類ないほど高く豊かな度合で享受するのである。」

　ここからまた、宗教は人間に対して二面的な性格をもつことになる。それは一面においては、人間の類的本質を神のうちに保存するという点で人間的な本質をもち、他面においては、人間の類的本質を個々の人間から疎外するという点で非人間的な本質をもつ。『キリスト教の本質』は「緒論」に続いて「本論」に入るが、本論は宗教のこの二面性に応じて、「人間の本質との一致における宗教」と「人間の本質との矛盾における宗教」、あるいは「宗教の真実な、すなわち人間学的な本質」と「宗教の非真実な、すなわち神学的な本質」と題された二部に大別されることになる。第二版の序文によると、第一部は宗教に対して肯定的であり、「宗教を宗教の本質へ、宗教の真理へと解消すること」をめざすが、第二部は宗教に対して否定的であって、「宗教を宗教の矛盾へと解消すること」を目的とするのである。

それゆえ、フォイエルバッハに言わせると、『キリスト教の本質』の読者がこの書物をたんに神や宗教を否定するだけのものとして非難するのは間違いである。「たしかに私の書物は否定的であり、否認的である。だが注意してほしいが、それはただ宗教の非人間的な本質に対してであって、宗教の人間的な本質に対してはそうではない。」「もし私の書物がたんに第二部を含むだけならば、ひとびとがこの書物をたんに否定的な傾向をもつにすぎないと非難し、宗教が無であり無意味であるという命題がこの書物の本質的内容であるとしても、それはまったく正当であろう。だが私は、神が無であるとか、三位一体が無であるとか、神の言葉が無であるとか言っているのでは決してない。そう言って済ますことができれば、なんと簡単なことだろう。私はただ、それらが神学の幻想のうちで捉えられているようなものではないということを示すだけであり、外来の秘密ではなくて内に宿る秘密、つまり人間本性の秘密であることを示すだけなのである。」

フォイエルバッハはまた、出版者にあてた手紙のなかで、次のように言っている。この書物の第一部と第二部を入れ替えて、否定的な部分を先にし、肯定的な部分を後に置いた方がよかったかもしれない。そうしておけば、あまり明敏でない読者でも、この書物の狙いがたんに宗教の否定にあるのではなく、肯定的な、生気にあふれた哲学にあるのを理解できたにちがいない。だがそうしなかったのは、もし否定的な部分が先に置かれると、あのいまいましい検閲がさも鬼の首をとったように喜ぶのは火を見るより明らかだからだ、と。第二版でかなりの増補が加えられたにもかかわらず、第一部と第二部の順序がそのままにされたのは、一つには検閲の問題がかれを悩ませていたからだとも言えよう。それでは、フォイエルバッハは、第一部で、神の本質をどのようにして人間の本質に還元するのであろうか。いくつかの例について眺めてみよう。

神の本質と人間の本質

神の本質はまず知性であって、しかもそれは無限の知性である。神は全知である。だがこれはまさに人間の類的本質である理性の規定にほかならない。フォイエルバッハはすでにドクター論文で、人間の類的本質としての理性が一にして普遍で無限なものであることを示していた。個々の人間の思考能力は有限であるが、類としての理性は無限である。つまり人間が神のうちで肯定し、対象化する「無限の知性」は、人間の類的本質としての「無限の知性」なのである。「もし君が神は制限されていると考えるなら、その時は君の知性が制限されているのであり、君が神を制限されていないと考えるなら、その時は君の知性もまた制限されていないのである。……それゆえ、君は、この（神という）無制限な存在をもっとも本質的で最高の存在であると言明することによって、実は（人間の）知性が最高の存在であり最高の本質であるということ以外のなにも語ってはいないのである。」

ところで神は、たんに全知であるだけではなく、意志をそなえた存在であり、道徳的にも完全な存在である。「だが道徳的に完全な本質としての神は、道徳の実現された理念、道徳の人格化された掟以外のなにものでもなく、人間の道徳的本質が、つまり人間自身の本質が、絶対的本質として措定《そてい》されたものである。なぜなら、道徳的な神は、人間に対して、人間も神自身のようになれ、『神は聖であるから、汝も神のように聖であるべきだ』という要求をするからである。道徳的な神は、人間自身の良心でもある。というのも、もしそうではないとすると、人間はなぜ神的存在を恐れたり、神的存在の前で嘆いたり、神的存在を自分のもっとも内面的な思想や心構えの裁判官としたりするのであろうか。」　神が人間に掟を与える道徳的な神であり、人間を道徳的に裁く神であるのも、人間の道徳的本質や良心が神のうちへと投影された結果なのである。

しかし神は人間を裁くだけではない。神はまた慈悲深い神であり、人間の罪を赦し、人間を愛する愛の神である。神の愛は、神が自分自身を愛するといった神の自己愛ではなく、神にとっての他者である人間への愛である。「ところで神が愛であり、この愛の本質的内容が人間であるならば、神的本質の内容は人間的本質ではなかろうか。人間に対する神の愛は、宗教の根拠であり中心点であるが、この愛は、人間の人間自身に対する愛が人間の最高の真理として、人間の最高の本質として、対象化され、直観されたものではなかろうか。『神が人間を愛する』という命題は、ドイツ風に言えば、『最高のものは人間の愛である』ということではなかろうか。」

だが人間の愛は遠く神の愛に及ばないと考えるひとがいるかもしれない。神の愛は完全であり、人間の愛は不完全である。完全な神の愛は、はたして不完全な人間の愛の対象化と言えるだろうか。けれども、知性に関して言われたことがこの場合にもあてはまる。個人としての人間の愛は、なるほど不完全なものかもしれない。そのなかにはひそかな自己愛といった不純な要素が潜んでいるかもしれない。しかし個人が自らの愛の弱さを知り、その不完全さを知るのは、すでに人間の類的本質のうちに完全な愛への志向が宿っているからである。個人はそれとの比較において自分の愛が不完全なことを知り、またできるだけそうした完全な愛に近づこうと努力する。人間が神のうちへと対象化する愛は、個人の不完全な愛ではなく、人間の類に宿る完全な愛であり、「真実の愛」なのである。

ところでフォイエルバッハによると、他人を愛することには、他人と感情を共にし、他人の悩みを共に悩む（同情する）ということが属している。感情をもち、悩むことを知っている者だけが他人に同情し、他人を愛することができる。言いかえれば、人間を愛する者は、それ自身肉をそなえ、感情をそなえた者でなければならない。そしてこのことが神の化身、つまりイエス＝キリストが人間の肉をそなえて地上に出現したということの秘密である。もし神が純粋に知的な存在で、肉も感情ももたない存在であるとしたら、人間を愛することはできないだろう。神が人間を愛すると言えるためには、神が自ら肉をまとい、人間にまで「低下」して、人間と苦しみや悩みを共にすることが必要なのである。

中世のある修道院長は、「神は悩みを共にすることを学ぶために悩むことを欲し、憐みを学ぶために憐れむべき者になろうと欲した」と語っているが、フォイエルバッハに言わせると、イエス＝

キリストの悩みは、まさに人間そのものの悩みを伝えている。「だが神が悩むということは、神が心情であるということ以外のなにものをも意味しない。心情はあらゆる悩みの源泉であり、総体である。悩みをもたない存在は、心情をもたない存在である。それゆえ、悩む神の秘密は、感覚の秘密である。悩む神は感覚する神であり、きわめて多感な神である。ところで神は感覚する存在であるという命題は、感覚は神的本質であるという命題を宗教的に表現したものにすぎない。」

三位一体とマリア信仰

こうして神は、知性や意志のほかに、イエス＝キリストとして、感覚や心情をもそなえた存在である。つまり人間の類的本質を形成する諸要素――理性と意志と心情――は、ことごとく神のうちに対象化されていて、しかもそれらは神において統一されている。そしてそれが、フォイエルバッハによると、神が三位一体であるということの秘密なのである。「感覚をもたず、悩む能力をもたない神が、感覚したり悩んだりする存在としての人間を満足させないのと同様に、ただ感覚だけをそなえていて、知性や意志をそなえていない存在もまた、人間を満足させない。ただ全人間を自らのうちに担っている存在だけが、全人間を満足させることができる。人間が自らの全体性についてもつ意識が、三位一体の意識である。三位一体が、これまでばらばらに考察されてきた諸規定や諸力を、統一体へと総括する。」

だが三位一体は、たんに一人の個人において理性と意志と感情とが統一されていることを示すだけではない。それはまた、「人間の生ける全体」が孤独な個人によってではなく、複数の人間によ

聖母マリア

って、「私と汝の統一」によって、成立することをも示している。神がもし自分だけで充足した「孤独な神」であるならば、そうした神は、愛を求め、私と汝の統一を求める人間の心情を満足させることはないであろう。そこで神は、自らのうちに、自己とは異なった第二の位格を措定する。すなわち神は、もはや孤独な神ではなく、父としての神（第一位格）と子としての神（第二位格）との統一である。「父としての神は私であり、子としての神は汝である。私は知性であり、汝は愛である。だが知性を伴う愛と愛を伴う知性とがはじめて精神であり、全体人間である。……ただ共同的な生のみが真の、充足した神的な生である。この単純な思想が、人間にとって自然で生得的な真理が、三位一体という超自然的な神秘がもつ秘密である。」

　ここで語られているように、フォイエルバッハは、三位一体の第三位格にあたる「聖霊」を、とくに父と子から区別された独自の存在とは見ていない。それは「子と父との統一」であり、「二つの神的人格が互いに対してもつ愛以上のなにものをも表現していない」。さらに言えば、「聖霊とは神が自分と人間とを愛する際の愛であり、そしてまた人間が自分と神とを愛する際の愛であって、それは神と人間との同一性が、宗教の内部において、人間に対して対象となったもの」なのである。ともあれ、フォイエルバッハによると、三位一体とは、人間の父子関係にみられる愛の共同体を宗教的に形象化したものにほかならない。

そうだとすれば、三位一体の神への信仰とならんで、なぜ聖母マリアへの信仰が登場したかも理解できるであろう。「そもそも神が父であり子であるならば、なぜ母が神聖でないもの、神に適わしくないものでなければならないかは、実際理解しがたいことである。」「それゆえ、神の家族、父と子の間の愛の紐帯《ちゅうたい》を補完するために、さらに第三の、しかも女性的な人格が天国のうちに採用されたのは、まったく当然であった。」「神の子の崇拝が偶像崇拝でない以上、神の母に対する崇拝もなんら偶像崇拝ではない。……もっとも高くもっとも深い愛は、母の愛である。父は子をなくしてもあきらめる。父は自分のうちに（克己という）ストア的原理をもっている。だが母はあきらめない。母は悲しみ多き者である。だがあきらめきれないということが、愛の真理なのである。」

このようにフォイエルバッハは、キリスト教の神のさまざまな規定を検討し、それらの規定が本来はいずれも人間の規定であることを明らかにする。これまで紹介したのはその一部であって、このほかにもフォイエルバッハは、神の世界創造とか祈りとか奇跡とかについて、こと細かに論じているが、その紹介は省略しよう。読者のなかには、フォイエルバッハのキリスト教解釈はあまりにもうがちすぎていて、まゆつばものだと思うひともいるかもしれない。『キリスト教の本質』は、ことほどさように徹底してキリスト教の神のうちに潜む「人間学的本質」を追求した書物なのである。前にも述べたように、フォイエルバッハはキリスト教をたんに否定することを意図しているのではない。その教えのうちに含まれている人間の真実の生活を取り出し、それを彼岸ではなく此岸において、現世において、実現すべきであるというのが、フォイエルバッハの主張なのである。

キリスト教徒と神の関係

では、キリスト教はなぜ現世における人間の真実な生活を不可能にさせるのであろうか。フォイエルバッハは、このことに関して、まずキリスト教徒とそれ以前の古代の異教徒との違いに注目する。かれによると、古代の異教徒、たとえばキリスト教成立以前のギリシア人は、人間をつねに宇宙や自然との連関のうちで捉えていた。つまりかれらは「自分の主観性を世界の直観によって制限していた」が、しかしキリスト教の成立とともに、人間は宇宙や自然から自分を切り離し、もっぱら自分自身に集中する。キリスト教徒は、主観性に対立する自然を否定することによってのみ、自らの永遠な主観的生活を確保できると考えるのである。したがってキリスト教徒は自由を尊重するが、しかしフォイエルバッハに言わせると、この自由は「真の自由」ではなくて、実は「心情や空想の自由」にすぎない。人間は自然との繋りを欠いては生活できないにもかかわらず、キリスト教徒は空想のうちで自分が自然から自由であると考える。それはただ自然の束縛から自分が解放されているという心情であり、いわば「空想の昇天」なのである。

異教徒はまた、人間を、つねに類や共同体の視点のもとで捉えていた。かれらは死すべき者としての個人を共同体から区別し、個人をそうした全体に従属させた。だがこれに対して、キリスト教徒は、類の問題はそっちのけにして、もっぱら個としての人間だけを重視する。個と類の関係は、ここでは逆転する。「古代人は個を類のために犠牲に供した。キリスト教徒は個のために類を犠牲にした。言いかえれば、異教は個を類の全体から区別し、もっぱら部分として理解し把捉《はそく》したが、キリスト教徒はこれに反して、個をもっぱら類との直接的で無差別な統一において理解し把捉したのである。」

しかしたとえキリスト教徒が個としての自分を直接に類と同一視するにしても、個と類の区別はこの現実の世界においては歴然と存在する。私の知力は制限されているが、人類の知力は無限である。ある時代にとって不可解なことでも、来たるべき時代には理解可能になる。私の生命はある時代に制限されているが、人類の生命はそうではない。「類は制限されていず、ただ個だけが制限されている」のである。個人はそこで、いやでも自分が制限されているという感情をもつ。この感情はかれにとって苦痛である。そしてフォイエルバッハによれば、個人はこの苦痛の感情から逃れるために、制限されていない完全な存在を直観し、その直観のなかで自分に欠けているものを補完する。この完全な存在、それがキリスト教徒の神なのである。

「神は、キリスト教徒のもとでは、類と個、一般的存在と個別的存在の直接的統一についての直観以外のなにものでもない。神は個としての類の概念である。……神は類と個が直接に統一されたものであり、あらゆる普遍性と本質性が一つの人格的存在へと集中したものであるが、まさにそうした理由によって、神は心情を深く満足させる対象であり、空想を魅惑する対象なのである。」

こうしてキリスト教徒は、神によって個としての自己の不完全さを補い、自己に充足しようとする。しかしこの充足は、どこまでも心情の上での充足であり、空想の上での充足にすぎない。フォイエルバッハによると、ここでは「私の完全性には汝が必要であり、人間は一体になってはじめて人間を形成する、つまり人間は一体になってはじめて人間がそれであるべきであり、またそれであることができるところのものである、という意識がまったく欠けている」のである。「(ここでは)人間はすべてを自分のうちにもち、すべてを自分の神のうちにもっている。したがって人間は、自己を類の代表者である他人によって補おうとする欲求をもたない。……人間はもっぱらひとりで自分の目的を達成する。人間は神のうちで自分の目的を達成するのであり、神はそれ自身がこの達成された目標であり、人類の実現された最高の目的そのものである。だが神は個々の人間がひとりでいるところにのみ現前する。ただ神のみがキリスト教徒が欲求するものであり、キリスト教徒はそのために他人や人類や世界を必ずしも必要とはしない。他人に対する内的な欲求が欠けている。……世界からの、物質からの、類的生活からの別離が、キリスト教徒の本質的目標である。そしてこの目標は、眼に見える形では、修道院生活のうちで実現されたのである。」

キリスト教が現世における人間の真実な生活を不可能にするというフォイエルバッハの主張が、どういうことを意味しているかは、ほぼ以上から明らかであろう。個人はもともと制限された不完全な存在である。個人は、自分一人では、類としての人間の完全な生活を実現することはできない。複数の個人が協力しあい、互いに相手の不完全さを補いあうことによって、そこにはじめて人類の完全な生活が実現する。「人間の本質は一であるが、しかしこの本質は無限である。それゆえ、この本質における単一性は、存在の多様性である。私と他人との間には、本質的な、質的な差別がある。他人は私の汝であるし、……私の他の自我である。私は他人に即してはじめて人間性の意識をもつ。私は他人を通じてはじめて私が人間であることを経験し、感知する。他人に対する愛においてはじめて、他人が私に必要であり、私が他人に必要なことが、われわれ二人は互いに他を欠いては存在できないことが、ただ共同性のみが人間性を形成することが、私に明らかになる。」フォイエルバッハが好んで引用しているゲーテの言葉によれば、「ただ人類全体のみが自然を認識し、ただ人類全体のみが人間的なものを生きる」のである。そしてここにこそ、人間の真実な生活が存在する。

信仰と愛の矛盾

フォイエルバッハは、こうした視点から、キリスト教における信仰と愛の矛盾について語る。宗教の隠れた本質は、神と人間の統一にあるが、宗教のあらわな形式は、逆に神と人間とを区別することにある。ところで愛は前者に属し、信仰は後者に属する。つまり「愛は人間と神とを、神と人間とを同一化し、したがって人間と人間とを同一化するが、信仰は神を人間から、したがって人間を人間から分離する」のである。すでにふれたように、神との関わりのうちにのみ充足を求めるキリスト教徒は、「他人に対する内的な欲求」をもたず、自分を「類の代表者である他人によって補おう」としない。神に対する信仰は、深まれば深まるほど、人間と人間とを分離する結果に至るのである。

信仰はまた、フォイエルバッハに言わせると、「本質的に党派的」であり、「本質的に不寛容」である。キリストに与《くみ》しない者は、キリストに反く者という烙印をおされる。信仰は敵と味方を知るだけで、非党派性ということを知らない。「信仰は人類の自然にかなった紐帯を廃棄し、普遍にして自然的な統一のかわりに、特殊な統一を置く」のである。これに対して愛はもともと自然であり、自由であり、非党派的である。したがって、キリスト教の内部において、愛と信仰とは必然的に矛盾する。この矛盾を避けるために愛が信仰の下位に置かれるなら、そのとき愛はたんにキリスト教徒やキリスト教的なものだけを愛する排他的な愛になってしまい、普遍的な隣人愛という性格を喪失する。信仰の擁護という名のもとに、これまでどれほど多くの血が流されてきたかを思えば、キリスト教における信仰と愛の矛盾は明らかである。

したがって、現世における人間の真実の生活を確立するためには、人間がキリストのうちへと対象化し、人間から疎外した人間の真実の愛を、人間の側へと取り戻す必要がある。「人間に対する愛は、派生的な愛であってはならない。人間に対する愛は、根源的な愛にならなければならない。その時にのみ、愛は真実で神聖な、確実な力となる。人間の本質が人間の最高の本質であるならば、その時には実践的にもまた、人間に対する人間の愛が最高にして第一の掟でなければならない。人間は人間にとって神である——これが最高の実践的根本命題であり、世界史の転換点である。」

『キリスト教の本質』の第二部は、このほかにも神の啓示における矛盾とか、三位一体における矛盾とかを扱っているが、しかしフォイエルバッハが第二部でとくに強調している矛盾は、これまで見てきた信仰と愛の矛盾である。この矛盾を最終的に解消するためには、キリスト教の克服が必要である。しかし克服は、たんなる否定ではなくて、キリスト教よりもいっそう高次の立場へと高まることである。こうした高まりは、人間が人間の外に神として外化した人間の本質を、ふたたび人間のうちへと取り返すことによって可能である。ここにはヘーゲルの弁証法的発展の考えが反映しているが、しかしフォイエルバッハにとってキリスト教の克服は、理論の問題ではなくて実践の問題であり、現実の人間生活の改革の問題であった。地上に人間の真実の生活を実現するためには、信仰との矛盾に陥った愛を救出しなければならない。『キリスト教の本質』の本来の狙いは、疎外された人間の真実の愛を、キリスト教の桎梏《しっこく》から解放することにあった、と言えよう。フォイエルバッハは、このことによって地上に真のヒューマニズムが到来すると考えたのである。

神学への批判

では、フォイエルバッハは、神学に対してはどのような態度をとるのであろうか。すでに『哲学とキリスト教について』のなかで、フォイエルバッハは、哲学は信仰とは戦うことができないが、「信仰の理論」としての神学とは戦わなければならない、と語っていた。『キリスト教の本質』の第二部でも、神学は「宗教の非真実な本質」から生じた矛盾に満ちた学問として、徹底した批判にさらされる。すなわちフォイエルバッハによると、「宗教の特徴は、人間の本質をほかの本質として、直接かつ無意識的に直観することにある」が、「この対象的に直観された本質が反省の対象とされ、神学の対象とされると、それは虚言や欺瞞《ぎまん》や瞞着《まんちゃく》や矛盾や詭弁《きべん》の汲《く》めども尽きぬ宝庫となる」のである。

無邪気な宗教的心情は、人間の本質を神として直観するが、神学は反省的な思考を通じて神と人間の区別を固定化し、神をどこまでも人間とは異なった存在として絶対化しようとする。そのために神学は、たとえば神の存在証明といったことを試みるのである。神はたんなる思考の対象ではなくて、現実に存在する。しかし、そこで証明される神の存在とは、どのような存在であろうか。フォイエルバッハによると、人間にとってあるものが現実に存在するとは、そのものが感覚の対象として存在するということである。だが神は感覚の対象とはならない。こうして神学にあっては「神の存在は感性的存在と思考された存在との間の中間物であり、矛盾に満ちた中間物」である。神はそこでは「感性のあらゆる規定を欠いた感性的存在」であり、「非感性的な感性的存在」なのである。

神学が神の本質に与える諸規定もまた、矛盾に満ちたものである。というのも、神の本質はもともと人間の本質であるにもかかわらず、神学はそれを超人間的な、つまりは人間とは異なった本質として規定しようと試みるからである。たとえば、神学の内部で論議される三位一体説ほど矛盾に満ちたわかりにくいものはない。すでにふれたように、フォイエルバッハの考えでは、三位一体の秘密は人間の父と子の間に成立する愛の共同体のうちにある。それは複数の人格から成る類の統一体の反映である。だが神学は、三つの位格の存在を認めながらも、他方において神の単一性を主張する。三位一体説に示されているのは「一神論と多神論の矛盾」であって、そこでは神は「三つの人格から成り立つ一つの人格」という、複数でも単数でもない、奇妙な人格として示されるのである。

神学に対するフォイエルバッハの手きびしい批判はまだまだ続くが、その紹介は割愛しよう。『キリスト教の本質』の第二部は、すべてこうした調子の神学批判である。神学が矛盾に満ちた学問であることが暴露されればされるほど、神の本質は人間の本質にほかならないという第一部での結論がますます確証されることになろう。人間の本質を人間から切り離すことが、矛盾の源泉なのである。もっとも、当時の神学者たちが、フォイエルバッハのこうした主張を充分に理解したかどうかは疑問である。多くの神学者は、神学に無知な素人がただキリスト教を攻撃するために書いた書物だ、というふうに受け取ったようである。一般の読者にしても、この書物の出現に拍手喝采したが、それは神を人間に引き下げたことに対する満足からであった。しかしフォイエルバッハの意図は、神の本質が人間の本質であると主張することによって、むしろ逆に人間を神にまで高めることにあった、と言える。神の愛に示される崇高な愛を人間に対する人間の愛に還元し、それをできるだけ地上において実現すること、それがなによりもフォイエルバッハの願いだったのである。

Ⅲ 激動の時代

将来の哲学のために

『キリスト教の本質』の第二版が出版された一八四三年、フォイエルバッハは、哲学の改革を主張する二つの論文を新たに発表した。一つは『哲学改革のための暫定的提題』という題の論文で、いま一つは『将来の哲学のための根本命題』という小冊子である。『暫定的提題』の方は、ルーゲが編集した二巻本の論文集『最近ドイツの哲学と評論のためのアネクドータ』に収められた。ライプチッヒで発行されていたルーゲの「ハレ年報」は、政府の弾圧にあって廃刊のうき目にあい、ルーゲはさらにドレスデンから「ドイツ年報」という雑誌を刊行していたが、多くの寄稿論文がこれまた検閲の難に会い、ドイツ国内での公表が不可能な状態にあった。『アネクドータ』はそうした論文を集めた論文集であり、ドイツ国内のきびしい検閲から逃れるために、スイスのチューリッヒで出版された。単行本の『根本命題』もまた、チューリッヒで出版されている。

『哲学改革の必要性』　では、哲学の改革はなぜ必要なのであろうか。この二つの論文を公表する前に、フォイエルバッハは、『哲学改革の必要性』という短い論文を書いている。この論文は後に遺稿として発見されたものであるが、このなかでかれはほぼ次のような主旨のことを語っている。哲学の改革がなぜ必要かと言えば、人類はいま、これまでの時代とはちがったまったく新しい時代にさしかかっているからである。したがってこの時点で要求されるのは、これまでの哲学とは本質的に異なった哲学であり、たんに哲学の必要からではなく、人類の必要から要求される新しい哲学である。つまり「時代の必要と人類の必要に対応するような哲学の変革」こそが「真の変革」として求められているのである。

人類の新しい時代は、キリスト教の否定ということによって特徴づけられる。「キリスト教は否定されている。それは精神と心情のうちで、学問と生活のうちで、芸術と産業のうちで、根本的に、救いようもなく、取り返しがきかない形で否定されている。と言うのも、人間は真なるもの、真に人間的なもの、反神聖的なものを自分のうちへ取り入れて同化したからであり、その結果キリスト教からはあらゆる反抗力が奪い去られたからである。これまでのキリスト教の否定は、無意識的な否定であった。いまやキリスト教の否定は、意識的な、意欲された、直接に努力された否定であり、またそうなるであろう。そしてそれは、キリスト教が現代の人類の本質的衝動である政治的自由の抑圧と一体化している限り、ますますそうなのである。キリスト教の意識的否定は、新しい時代を基礎づけ、新しくて卒直な、もはやキリスト教的ではない、決定的に非キリスト教的な哲学の必要性を基礎づけるのである。」

つまりこれまでの哲学、改革によって否定されるべき哲学は、キリスト教の没落期に生じたが、内容的にはキリスト教と繋がりをもち、その意味でキリスト教を継承する側面を担っている。新しい時代に合う新しい哲学は、「決定的に非キリスト教的な哲学」として、これらの従来の哲学とは本質的に異なった哲学である。しかもこの新しい哲学は、それ自身がキリスト教という宗教にとってかわるべきものでなければならない。つまり「その時は哲学は哲学として宗教にならなければならない」し、「宗教の本質を成しているものを、宗教が哲学に対してもつ長所を、自らと調和する形で自分のうちに取り入れなければならない」のである。

人類の必要に応じた新しい哲学は、当然のことながら、人間を原理とする。しかしその人間は、もはやキリスト教徒のように「天上と地上の分裂のなかで生きている人間」ではなく、「分割されない魂を懐いて現実へと身を投げかける人間」である。人間が現実に生活を営む場面は国家であるから、新しい哲学は天国にかわって地上の国家を重視する。「国家はあらゆる実在の総体であり、人間の摂理である。国家においては一方の人間が他方の人間のかわりをし、一方の人間が他方の人間を補う。……真の国家は、無制限で無限な、真の完結した、神的人間である。国家がはじめて人間である。国家は自分自身を規定する人間であり、自分自身に対して関わりあう人間であり、絶対的な人間である。」

人間が互いに他を補いあって成立する国家は、共和制国家以外にない。教皇も国王も、われわれが人間であるのと同様に人間である。プロテスタントは、教皇の絶対権を否定する点で、なるほど「宗教的共和主義者」ではある。しかしプロテスタントの教えは、人間をたんに宗教的に、つまりは空想のうちで自由にするにすぎない。かれらは「共和制を天国にもっている」のであり、その結果、現実の世界においては共和制を必要としない。だが「われわれが地上をわれわれの目的地として認識する」ならば、地上における共和制の実現こそが真の国家の実現であり、「絶対的な人間」の実現であることを知るだろう。人類の必要に応じた哲学の改革は、真の意味での政治的自由の確立のためにも、ぜひとも必要なのである。

思弁哲学の神の理論化

『暫定的提題』と『根本命題』は、このような意図のもとに書かれた論文である。この二つの論文は、『哲学改革の必要性』ほどではないが、比較的短い論文であり、しかも短期間に書き上げられたことと、検閲を考えて内容をかなり削ったこともあって、箇条書きの形をとっている。その点読者にはやや不親切な書物であるが、しかしフォイエルバッハ自身の哲学を知る上で、これらに優るものはない。なんといっても、この二つの論文は、『ヘーゲル哲学批判のために』につぐフォイエルバッハの哲学の代表作で、短いながらも大部の『キリスト教の本質』に匹敵する主要作なのである。

従来の哲学は、キリスト教の没落期に成立しながらも、キリスト教を継承する側面をもっている、というのが、『哲学改革の必要性』でのフォイエルバッハの主張であった。『根本命題』での説明によると、それはこういうことである。すなわち近世の課題は、「神の現実化と人間化」にあるが、こうした神の人間化を宗教的もしくは実践的な仕方で遂行したのがプロテスタントであった。プロテスタントにとっては、神はまさに人間である神、すなわちイエス＝キリストである。プロテ

ブルックベルクのフォイエルバッハ通り　岡田雅勝氏撮影

スタントは、もっぱらイエス＝キリストを神として信仰し、神がそれ自体においてなんであるかを特に問題とはしない。といっても、プロテスタントは、神自体といったものを宗教的実践の上で無視するだけで、理論的にはそれを依然として存続させていた。だがそうした神は、プロテスタントにとってはあくまでも彼岸的な存在であって、人間が天国に赴いた時にはじめて関わりあうことになる存在なのである。

　さて、フォイエルバッハによると、このように宗教にとってすら彼岸的となった神自体を、合理的あるいは理論的に加工し、それを世界の説明原理とするのが、思弁哲学である。したがって、「思弁哲学の本質は、合理化され、実現され、現在化された神の本質以外のなにものでもない」し、「思弁哲学は真の、一貫した、理性的神学」である。『暫定的提題』でのフォイエルバッハは、「神学の秘密は人間学であり、ところで思弁哲学の秘密は神学である（筆者注、フォイエルバッハがたびたび用いる『秘密』とはほぼ『根拠』に等しい）」として、スピノザ（Spinoza, 1632—77）が「近代の思弁哲学の創始者」であり、シェリング（Schelling, 1775—1854）が「その再興者」であり、ヘーゲルが「その完成者」である、と語っている。つまりフォイエルバッハは、スピノザからシェリングを経てヘーゲルに至る近世哲学の系譜を思弁哲学として特徴づけるが、その内容はまさにキリスト教の神の合理化であって、そうした点で思弁哲学はキリスト教を継承した哲学であり、それゆえにこそまさに克服されるべき哲学なのである。

スピノザの哲学は、汎神論という名で知られている。デカルトが神と精神と物体という三つの実体を認めたのに対して、スピノザは神のみが唯一の実体であると考え、精神的現象も物体的現象も、すべてそうした一にして無限な神のあらわれであると考えた。神は精神と物体を含む広義での自然（神即自然）であり、すべて（パン）が神（テオス）であるということから、スピノザの哲学は汎神論（パンテイズム）と呼ばれるのである。スピノザが実体として立てた神は、理論的に加工され対象化された神であり、思弁によって把捉される神である。あるいはまた、こうも言えるであろう。スピノザの「神即自然」は、自然の方に力点を置けば、自然が神であるということであり、これは自然のほかに神は存在しないという、キリスト教の立場からすれば無神論の主張に等しい。フォイエルバッハが、「汎神論は神学（もしくは有神論）の必然的帰結であり、無神論は汎神論の必然的帰結である」と語っているのも、このことを指してのことなのである。

思弁哲学への批判

では、ヘーゲルの場合はどうであろうか。スピノザは神学の神を理論的に加工して実体としたが、ヘーゲルはそれを自己意識をもつ精神へと変形した。ヘーゲルの「精神」は弁証法的に自己を展開しながら世界のうちにさまざまな形象を産出し、絶対的精神へと高まっていくが、この「精神」こそは実は神学の神が理論的に変形されたものである。そこでたとえば、フォイエルバッハによると、ヘーゲルの「論理学」は「理性にまでもたらされた神学」であり、「論理学とされた神学」である。神学は地上に存在する事物の諸規定がいずれも神に由来するとして、それらの諸規定を「神学の天上界」へと置き移すが、それと同じように、ヘーゲルもまた、「自然のうちに存在する一切のもの」を「神的論理学の天上界」へと置き移してしまうのである。

ところで『キリスト教の本質』が明らかにしたように、神とはもともと人間の本質が外部へと対象化されたものである。とすれば、ヘーゲルが絶対者とみなす精神も、実は人間の精神の投影物とみなければならない。それは人間の肉体や感性から切り離され、そのものとして絶対化された人間の精神なのである。このことは、逆に言えば、ヘーゲルが人間の「抽象的な知性」だけを「神的な絶対的存在」と認めた、ということである。フォイエルバッハが『ヘーゲル哲学批判』のなかで、ヘーゲルがすべてを体系的思考のうちに閉じこめたと批判したことについては、すでにふれた。ヘーゲルがなぜこれほどまでに徹底してすべてを論理学のうちに押しこめたかは、もはや明らかであろう。「ヘーゲルの論理学の本質は、超越した思考、人間の外に置かれた人間の思考」である。それは元来は人間の抽象的思考にすぎないのに、ヘーゲルはそれを神（絶対者）の思考とすることによって、すべてを論理学の世界のうちに取り込んだのである。

そこでフォイエルバッハは、思弁哲学を改革する方法について語る。「思弁哲学一般を改革的に批判する方法は、すでに宗教哲学に適用された方法と同じである。われわれはいつもただ述語を主語とし、こうして主語となった述語を客体や原理としさえすればよい。それゆえ、思弁哲学をひっくり返しさえすれば、われわれは蔽われていない純粋で明らさまな真理を手に入れるのである。」キリスト教や神学で神の述語とされていたものは、いずれも人間の本質であり、人間の類的規定であった。したがってそれを主語とし、原理とすれば、宗教における倒錯現象は解消する。たとえば、神が完全であるのではなくて、完全であることが人間にとってすばらしい神的なことであり、神が愛するのではなくて、愛することが人間にとって神的である。ヘーゲルの思弁哲学に関しても同様である。絶対者である精神を主語の座から追放し、絶対者の述語にすぎなかったものを主語の位置に据え直すことによって、思弁哲学は克服され、それにかわって現実に即した真の哲学が登場するのである。

ヘーゲルの思弁哲学について、フォイエルバッハはまた次のようにも語っている。ヘーゲルはさまざまな客体を、「自分自身を思考する思想の述語」としか考えなかった。言いかえれば、「ヘーゲルにおいては思想が存在であり、思想が主語、存在が述語である」。したがってここでもまた、主語と述語の関係が逆転されなければならない。「思考と存在の真の関係は、ただ次のとおりでしかない。すなわち存在が主語であり、思考が述語である。思考は存在から生ずるが、存在は思考からは生じない。存在はそれ自身から、またそれ自身によってある。存在はただ存在によってのみ与えられる。存在は自らの根拠を自分のうちにもっている。というのも、ただ存在だけが意味、理性、必然性、真理であり、要するに一切における一切だからである。存在は存在する。なぜなら、非存在は非存在であり、すなわち無であり、無意味であるからだ。」

現実への復帰

それゆえ、哲学は本来「存在するものの認識」でなければならない。「事物や本質を、それらが存在する通りに思考し、認識すること――このことが哲学の最高の法則であり、最高の課題である。」「抽象的なものから具体的なものへ、観念的なものから具体的なものへという思弁哲学のこれまでの歩みは、倒錯した歩みである。この途を歩んでも決して真の、客観的な実在には到達しないし、いつもたんに自分自身の抽象物を実現するにすぎない。それだからこそそれは決して精神の真の自由に到達しない。というのも、事物や本質をそれらの客観的現実性において直観することだけが、人間を一切の先入見から解放し、自由にするからである。」すでに『ヘーゲル哲学批判』のなかで、フォイエルバッハは、思考に対立する真の意味での存在を捉えるためには、感性と直観の働きが必要であると語っていた。『暫定的提題』でのフォイエルバッハは、哲学に必要な人間の器官として、頭脳のほかに心情をあげる。頭脳は能動性や自由や観念論の源であり、心情は受動性や欲求や感覚論の源である。頭脳と心情のかわりに、思考と直観と言ってもよい。思考は頭脳の欲求から生じ、感覚や直観は心情の欲求から生ずるからである。

「思考は学派や体系の原理であり、直観は生命の原理である。直観においては、私は対象によって規定され、思考においては、私は対象を規定する。私は思考においては自我であり、直観においては非我である。ただ思考の否定から、対象によって規定されていることから、受動から、すべての喜びと悩みの源泉から、真実で客観的な思想が、真実で客観的な哲学が産み出される。直観は存在と直接的に同一な本質を与え、思考は存在からの区別と分離によって媒介された本質を与える。したがってただ、本質に存在が、思考に直観が、能動に受動が、ドイツ形而上学のスコラ的粘液質にフランス感覚論の反スコラ的な多血質の原理が統合されるとき、そこにのみ生命と真理がある。」

これに関連して、フォイエルバッハはこうも言っている。「真の哲学者、生活や人間と一体になった哲学者は、フランス人とドイツ人の血を引く者でなければならない。……われわれは母をフランス人に、父をドイツ人にしなければならない。心情——女性的な原理、有限なものに対する感受性、唯物論の座——はフランス的なものであり、頭脳——男性的な原理、観念論の座——はドイツ的なものである。心情は革命的に変化を起こさせ、頭脳は改革的に再形成する。頭脳はものを出来上がったものにし、心情はものを突き動かす。だが運動や激動や熱情や血や感性があるところにのみ、精神もまた存在する。」

フォイエルバッハによると、有神論においては、頭脳と心情が分裂している。心情は自らの本質が絶対的で神的な存在であると信じているが、頭脳の仕事はもともと事柄を主観と客観とに分離し区別することにあるから、そこで頭脳は心情と分裂し、「心情に固有の本質を心情から区別された、客観的な、外的な存在に変えてしまう」。つまり頭脳はそれを人間から切り離し、人間ならざる神のものとするのである。有神論はこうした意味で、頭脳と心情の分裂に基づいている。これに対して、人間神論である人間学、つまり人間を主語とし、人間が神的であることを認める真の哲学は、頭脳と心情の分裂を廃棄する。「人間神論は知性へともたらされた心情であり、心情が心情の仕方で述べることを、頭脳において知性の仕方で言い表すにすぎない。」心情と頭脳はここでは一体となって働くが、そうした人間こそがまさに現実的な人間であり、「生活や人間と一体になった真の哲学者」の資格をそなえた人間なのである。

『ヘーゲル哲学批判』の末尾で、フォイエルバッハは、「哲学は真理と全体性における現実の学である」として、この現実の総体は自然であり、「自然への還帰こそが救いの唯一の源泉である」と語っていた。『暫定的提題』でも、人間とともに自然が重視されている。思弁哲学者の知らない「美しい緑の牧場」は、「自然と人間」である。「自然を見よ。人間を見よ。ここに諸君は眼のあたりに哲学の秘密を見るのである。」思弁哲学者たちは、あるものをある通りに言い表すと浅薄であると思い、あるものをあたかもないように言い表し、それが深遠であると思っている。だがそれは「やせた荒野のけもののように、悪魔にぐるぐる引きまわされている」だけのことである。ありのままの自然を重視する哲学は、自然科学とも協調すべきである。「哲学はふたたび自然科学と、自然科学は哲学と、結びつかなければならない。相互の要求と内的必然性に基づいたこの両者の結びつきは、哲学と神学のこれまでの不釣合な結婚よりも、より永続的で幸福な、実りの多いものとなるであろう。」

感性・感覚の復権

さて、これまで主として『暫定的提題』を手掛りとして、フォイエルバッハの主張を辿ってきた。ヘーゲル哲学は神学の変形にすぎない思弁哲学であるとして、再度批判の俎上《そじょう》にのせられ、それに代わるべき人類の新しい哲学が、人間学もしくは人間神論として提唱される。抽象的な思弁をこととしたドイツの思弁哲学においては、人間の感性や直観の機能が軽視され、哲学の器官から追放されていたが、新しい哲学はそれらの復権を主張する。現実の総体である自然をありのままに認識するためには、心情に由来する感性や直観が、頭脳や思考にもまして必要だからである。フォイエルバッハがフランス啓蒙思想に見られる感覚論や唯物論の傾向を重視したことは、哲学はフランス人を母とすべきだという主張からもうかがえるであろう。頭脳だけが肥大して奇形化したドイツ哲学を救うためには、ドイツにはない新しい血の補給が必要なのである。

『根本命題』のなかでも、感性の復権は繰り返し強調されている。根本命題のいくつかを引用しよう。

「その現実性における、または現実的なものとしての現実的なものは、感官の対象としての現実的なものであり、感性的なものである。真理、現実、感性は同一である。ただ感性的な存在だけが真の存在であり、現実的な存在である。ただ感官を通してのみ対象が真の意味で与えられるのであって、思考自身だけによってではない。思考とともに与えられた、または思考と同一の客観は、たんに思想にすぎない。」（根本命題32）

「古い哲学がその出発点に、『私は抽象的で思考するだけの存在であり、肉体は私の本質に属さない』という命題をもっていたとすれば、これに反して新しい哲学は、『私は現実的な存在であり、感性的な存在である、実に肉体はその全体において私の自我であり、私の本質そのものである』という命題をもってはじまる。古い哲学者は、そこで感性的表象を寄せつけず、抽象的概念を不純にしないために、感官との不断の矛盾と不和のうちで思考していた。新しい哲学者は、これに反して、感官との一致と平和のうちで思考する。……新しい哲学は、喜んで、意識的に、感性の真理を承認する。新しい哲学は、公然と感性的な哲学である。」（根本命題36）

「新しい哲学は、愛の真理、感覚の真理を支えとする。愛において、感覚一般において、人間は誰でも新しい哲学の真理を承認する。新しい哲学は、その基礎そのものに関して言えば、意識にまで高められた感覚の本質にほかならない。それは人間の誰もが、現実的な人間が、心情において認めることを、理性において、理性をもって、肯定するだけのことである。それは知性へともたらされた心情である。心情は、抽象的な、形而上学的または神学的な対象や本質を欲しない。心情が欲するのは現実的な対象や本質、すなわち感性的な対象や本質である。」（根本命題34）

このようにフォイエルバッハは、人間が肉体をそなえた感性的存在であることを強調し、現実に存在する事物も感性を通じてのみ与えられるとする。だがわれわれはここで、フォイエルバッハが「感覚」と「愛」を同一視していることに気づくであろう。根本命題33でも、フォイエルバッハは、存在の名に値する存在は「感官の、直観の、感覚の、愛の対象」であり、「感覚においてのみ、愛においてのみ、〈このもの〉、このひとやこのもの、つまり個別的なものは絶対的価値をもち、有限なものは無限なものである」と語っている。とすれば、フォイエルバッハがここで強調する「感覚」は、たんなる知覚作用とは別のものと見なければならない。では、それはどのような機能であろうか。

感覚と個体

フォイエルバッハの場合、現実をあるがままに捉えるとは、現実に存在する一つ一つ異なった個別的な存在を、まさにそうした個別的な存在として捉えることを指している。「存在には個別性や個体性が属している」し、「存在は存在している事物と同じくさまざまである」。われわれはこうした個別的存在を思考することはできない。思考はそのものがもつ抽象作用のために、ただ一般的なものを捉えることができるだけで、個別的なものをその個別性において捉えることはできないのである。フォイエルバッハが「感覚」に与えた機能は、これではっきりする。つまりフォイエルバッハの言う「感覚」とは、思考とは異なって、個別的なものを個別的なものとして、個体を個体として、捉える機能である。あるいはむしろ逆に言って、フォイエルバッハは、人間の機能のうちで、個体を個体として捉えることのできる機能を「感覚」と名づけたのである。

そう考えれば、感覚と愛がなぜ同一視されるかという疑念も解消するであろう。ある人を愛するとは、かりそめの愛でない限り、その人をかけがえのない人として、絶対に個別的な、絶対的な価値をもつこのひととして愛することである。愛するとは、愛の対象がもつ個別性と絶対的価値を認めることである。そうだとすれば、愛の対象を特に人間に限る必要もないであろう。私は私の飼犬を愛するし、私が育てたバラの一本一本を、そこに咲くバラの花一つ一つを、愛することができる。私の所有物でなくても、私は大学の構内にそそり立つニレの木の一本一本を、牧場に憩う一頭一頭の羊を、愛することができる。それらがそれぞれ個として存在し、かけがえのない存在であることを私が感じ、いつくしむ場合は、私はいつもそれらのものを愛しているのである。感覚と愛は、フォイエルバッハの場合、そうした意味で一つである。

しかし、と読者は反論するかもしれない。そうした愛と同一視される感覚は、一種独特の感覚ではなかろうか。われわれははたして通常の感覚においても、対象をその個体性において捉えているであろうか。感覚はもともと移ろいやすいもので、対象のうわべだけしか知ることができず、それは決して対象の個別的本質に到達しないのではないか。だからこそヘーゲルもまた感覚を蔑視したのではないか、と。この予想される反論に対して、フォイエルバッハは次のように考える。なるほどわれわれの通常の感覚は皮相で多分に主観的であり、対象の真相を捉えていない。しかしそれは、「人間の最初の直観」が実は対象についての直観ではなくて、「表象と想像の直観」だからである。その場合人間は、事物をありのままの姿においてではなく、それがその人間だけに現れる姿で見ているにすぎない。言いかえれば、その人間は事物のうちに「事物そのもの」を見ているのではなく、それを見ている自分の「想像」を見ているだけなのである。

そこでフォイエルバッハに言わせると、「哲学の課題」は、ヘーゲルが主張しているように「感性的事物から離れる」ことにあるのではなく、むしろ逆にはじめてそれに「到達する」ことにある。言いかえれば、「普通の眼には見えないものを、見えるようにする」ことにある。ヘーゲルは感覚や直観ということで、相変わらず皮相なそれを考えていた。だからそれから「離れる」ことだけを主張したのである。人間は個体を個体として愛する感覚機能をはじめから行使しているのではなく、それを学ぶことによってはじめて行使できるようになる。フォイエルバッハは、こうも言っている。「教養を欠いた主観的人間」は、自分の主観的想像だけで生きており、現実を真に感性的に直観することによって、自分を主観的で主我的な自己から解放しようと努力しない。真の感性的直観に到達するためには、自己の主我性を打破する「教養」をうることが必要である、と。

繰り返すと、フォイエルバッハにとって真に存在の名に値する存在は、「感官の、直観の、感覚の、愛の対象」である。「存在の秘密は、抽象的思考のうちではなく、ただ愛のうちでのみ開かれる。」古い哲学は「思考されることのできないものは存在しない」と主張するが、新しい哲学は「愛されることのできないものは存在しない」と主張する。愛はまた、愛される対象の側の存在が何であるかを明らかにするだけではなく、愛する側の主体の存在が真に何であるかをも明らかにす

フォイエルバッハ

る。「愛は、客観的にも、また主観的にも、存在の試金石——真理と現実性の試金石である。愛がないところには真理もまた存在しない。あるなにかを愛する人間のみが、あるなにかなのである。」

愛の対象は人間に限られるわけではないが、しかしそれにしても人間はほかのなににもまして重要な愛の対象である。私がそれぞれの人間をその独自な個別性において知ろうとするならば、それらのひとびとを愛さなければならない。「愛する者のみが、愛される者の真の本質を眼にし、手にする」ことができるからである。しかも上の引用にあるように、愛は愛される側の存在だけではなく、愛する側の存在をも開示する。この私が真に何であるかは、私が他の人間を愛することによって、またそうした愛を通じて、はじめて私自身にも明らかになる。

これを一般化して言えば、「人間のもっとも重要で本質的な感覚対象」は「人間自身」であって、「真の愛の対象のみが人間の真の本質をはじめてあらわにする」。私は、私の頭脳や思考だけをいくら働かせても、私が何であるか、人間が何であるかを捉えることはできない。私は私自身がかけがえのないこの人間であることを、等しく個別的な他の人間をそうした個別的な人間として愛することによって、はじめて自らに確証することができる。愛は、そうした意味で、人間と人間との統一——しかも個別的な人間相互の、すなわち「私」と「汝」の統一である。愛はフォイエルバッハの場合、現実を現実として認識する機能であると同時に、人間の類の統一を実現する機能なのである。

「新しい哲学」とは

『根本命題』の終わりに近い箇所で、フォイエルバッハは、ドクター論文の頃から積み重ねてきた「私と汝」の思想を完成し、それをいくつかの根本命題に集約した。

「絶対的な同一哲学は、真理の立場をまったく乱している。人間の自然の立場、つまり『私』と『汝』、主体と客体とに区別する立場が真の立場であり、したがってまた哲学の立場である。」（根本命題56）

「自分だけで存在する単独な人間は、人間の本質を、道徳的存在としての自己のうちにも、思考する存在としての自己のうちにも、もっていない。人間の本質はただ共同体のうちにのみ、人間と人間との統一のうちにのみ、含まれている——この統一はしかし、『私』と『汝』の区別の実在性にのみ基づく統一である。」（根本命題59）

「孤独は有限性と制限性であり、共同性は自由と無限性である。自分だけで存在する人間は、（普通の意味での）人間であるが、人間とともにある人間は——『私』と『汝』の統一は——神である。」（根本命題60）

話である。」（根本命題62）

これらの命題を通じて、われわれは、フォイエルバッハが提唱する「新しい哲学」の核心が、どこまでも人間に、しかも個別的な「私」と「汝」の統一としての人間にあったことを知るであろう。すなわちかれによると、(1)「私」と「汝」を区別する立場こそが真の哲学の立場であり、(2)「私」と「汝」の間の対話が「真の弁証法」、つまり真の哲学することであり、(3)「私」と「汝」の区別に基づく両者の統一が真の神であり、したがって真の宗教の本質なのである。

「古い哲学」と本質的に異なるとされる「新しい哲学」、つまり「人類と将来の要求にかなった真に新しい、すなわち自立的な哲学」は、以上の意味で、まず「私」と「汝」を区別し、その区別に立脚しつつ、そこから改めて両者の統一――類の実現――を志向するといった、人間の哲学、人間学、であった。それはフォイエルバッハによると、理論的な哲学であると同時に、実践的な哲学であり、さらには従来のキリスト教にとってかわるべき宗教でもある。「新しい哲学は……人間の哲学として、本質的に人間にとっての哲学である。――それは理論の尊厳と自立性を損うことなく、いなむしろそれらともっとも緊密に合体して、本質的に実践的な、しかも最高の意味で実践的な傾向をもっている。それは宗教にとってかわって、宗教の本質を自己のうちに含んでいる。それは実際に、それ自体、宗教である。」（根本命題64）

思考における「私と汝」の一致

新しい哲学は、「私」と「汝」の対話として成立する。そしてそれこそが「真の弁証法」である。弁証法を意味するドイツ語のディアレクティークは、もともとディアローク（対話）に由来する。フォイエルバッハが『ヘーゲル哲学批判』のなかで、ヘーゲルがすべてを自分の体系のなかに押しこめ、他人の知性に訴えかけようとしない、と批判していたことについては、すでにふれた。ヘーゲルは自分の哲学の方法を「弁証法」と呼んでいるが、フォイエルバッハに言わせると、それは実は「対話」ではなく、「孤独な思考者の自分自身との独話《モノローク》」である。ヘーゲルの体系は自分のうちに閉じこもった体系で、他人との一致を求めていない。だがフォイエルバッハがそこで語っていたように、「思想は『私』と『汝』が一致することによって真の思想」となるのである。

ある思想が真実であることは、ひとりの人間によってではなく、「私」と「汝」という複数の人間をまってはじめて保証される。これはきわめて健全なものの見方と言ってよい。真理というからには、それは万人が認めるものでなければならない。一部の人間だけが真理と称しているのは実は真理ではなく、ましてやひとりの人間の思いつきがそのまま真理であるのではない。全人類が承認する思想こそが、真に客観的な思想なのである。フォイエルバッハはこのことを、思想における「私」と「汝」の一致という形で表現した。これは一つには、フォイエルバッハが、「私」にとっては他人はただひとりでもそれだけで「全人類」を代表する、と考えたからである。「二」は「多」の原理であり、「二」は「多」を代表することができる。これに反して「一」はそれだけでは「多」

とならず、「多」を代表できない。「汝」という他人の媒介を経ない「私」のみの思想は、自他に共通の人類の思想ではなく、普遍性や客観性を欠いた「主観的」思想なのである。

だが一般に「自我」を出発点とし、それを基盤とする近世哲学は、「汝」の媒介を無視して、個としての自我を直接に類と同一視し、自我の思想を直接に人類の思想であると宣言する。ヘーゲル哲学を頂点とする近世哲学、さらにはその基盤となるキリスト教に対するフォイエルバッハの批判は、これまでも見てきたように、もっぱらこうした個と類の直接的で無媒介的な統一にむけられているのである。フォイエルバッハが思想の客観性に関して、人類のかわりになぜ人類の代表者としての「汝」の存在を強調したのかも、このことから理解できよう。それは「汝」を無視し、「自我」のみを絶対視する従来の近世哲学に対する批判なのである。

フォイエルバッハはまた、科学的な自然認識の例をあげて、個人の知的能力が有限であることを指摘し、全体的真理に至るためには、他人との協力が必要であることを強調する。「自然科学の領域は、その量的範囲からして、個々の人間にはまったく見渡すことのできない、はかり知れないもの」である。ひとりの人間がすべてを知りつくすなど、到底できない。だが「ひとりひとりの人間が知ることができず、なすことができないことも、人間が協同すれば知ることができ、なすことができる」。あるいはまた、地球上の離れた二点から同時に同一の星を観測する場合のように、「ひとりの人間だけにとっては絶対に不可能なことが、二人の人間にとっては可能である」。そうじて「四本の手」は「二本の手」よりも多くのことをなすが、「四個の眼」も「二個の眼」よりも多くのものを見ることができる。「この結合された力は、たんに量的にだけではなく、質的にもまた、個々の力から区別される。人間の力は個々のものとしては制限された力であるが、結合されると無限の力である。個人の知は制限されているが、理性や科学は制限されていない。けだしそれは人類の共同作用だからである。」

フォイエルバッハはすでにドクター論文で、人間の類的本質としての理性は無限であると語っていたが、それは多分にヘーゲルの汎理性主義の影響によるものであった。しかしここではそれは、科学的知識に限界はなく、科学的知識は人類の共同作用によって無限に進歩するという事実によって裏うちされる。自然科学者たちは、共同作業という実践を通じて、人間の類的本質としての理性を実現しつつある。哲学もまた科学にならって、「私」と「汝」の一致をめざして思索しなければならない。哲学はそれによって孤独な夢想であることをやめ、人類の必要に応えることのできる哲学となるのである。

存在における「私と汝」の一致

「私」と「汝」の一致が必要なのは、思考についてだけではなく、感覚の対象である現実の存在についても言える。私が思い浮べるだけの一万円札、つまり表象としての一万円札と、現実に私が所有し、私が見ることができる一万円札は、あきらかに別物である。フォイエルバッハによると、「前者はただ私にとってしか存在しないが、後者は他のひとびとにとってもまた存在する」。表象としての一万円札は「私の頭のなか」にしかなく、他人はこれを見たり触れたりすることはできないが、「私の手のなか」にある現実の一万円札は、他人もまたそれを見たり触れたりすることができる。つまりあるものが現実に存在するとは、たんに私がそれを感覚できるだけではなく、他人もまたそれを私と同じように感覚できるということである。「私にとっても他人にとっても同時に存在するもの、それについて私と他人とが一致するもの、私だけのものではないもの——一般的であるもの、ただこのようなものだけが存在する。」

あるものが現実に存在すると言えるためには、このように、そのものにおける自他の感覚の一致が必要である。したがってまた、フォイエルバッハによると、「他の事物が私の外にあるという確実性は、私にとって、他の人間が私の外に存在するという確実性によって媒介されている」ことになる。つまり感官を通じて自らの存在を示す事物が、私の思考や意識の「外」にあり、それらから「独立」にあると言えるためには、そうした事物を一緒に見ることができる他の人間が、すなわち「汝」の存在が、あらかじめ前提されていなければならない。あるものが私とは独立に存在することを私が確証できる根拠は、そうした意味で、「私」のうちにではなく、むしろ「汝」のうちにある。私がいま見ているこの立木が、私だけに見えるのではなく、他人もまたそれを見ることができる、ということが、その立木が私から独立に存在する、ということである。私は、「私」だけの存在をもってしては、この立木が私の「外」に「独立」に存在することを確証できない。もし確証できると私が主張すれば、私はふたたび自我中心的な「古い哲学」に立ち戻っているのである。

このことは、さらに一般化して言うと、「世界の意識は、『私』にとって、『汝』の意識によって媒介されている」ということであり、「感覚世界の真理は、『汝』の真理によって媒介され、保証されている」ということである。フォイエルバッハの感覚主義は、自我の感覚のみを絶対視する自我中心的な感覚主義では決してない。それどころか、フォイエルバッハによると、かれの主張する感覚主義は「つねに『汝』の実在に依拠する」から、それは根本において「ヒューマニズム」であり、「人間主義」である。他人を自分とは異なった独立の主体として認め、このことをあらかじめ前提するのが、フォイエルバッハの感覚主義なのである。

フォイエルバッハは、「教養を欠いた主観的人間」は現実を真に直観することはできない、と語っていた。この「教養」がなにを意味するかは、もはや明らかであろう。それはたんにさまざまな知識を習得することではない。教養のある人間とは、自分とは異なった他人がそれぞれ独自な「汝」として実在することを認め、世界の実在性が複数の人間によって支えられていることを認める人間のことである。だが「汝」の実在性を認めるとは、「汝」を愛することであった。つまり他人を愛する人間だけが、言いかえれば、ヒューマニズムに生きる人間だけが、真に「教養」を身につけた人間であり、そうした人間だけが世界を真にその現実において捉えることができるのである。

三月革命

すこし堅苦しい話が続いたので、ここらで話題を変えて、その後のフォイエルバッハの生活の歩みを追うことにしよう。

ルーゲとマルクス

一八四三年の夏、ドレスデンにいたルーゲが、フォイエルバッハをたずねるためにブルックベルクにやってきた。フォイエルバッハは、「ハレ年報」の時代からルーゲの編集する雑誌に寄稿しつづけていたが、ルーゲ本人に直接会ったのは、これがはじめてであった。ルーゲはもはやドイツ国内では進歩的な雑誌の発刊が不可能であることを知り、発行所をフランスに移し、そこからドイツの進歩的なひとびとにアピールを送ろうと計画していた。同じころ、マルクス(Karl Marx, 1818—83)もまた同じ計画をもっていた。というのも、マルクスが編集していた「ライン新聞」が政府の弾圧を受け、マルクスは及び腰な株主たちに反発して社を去ることになったからである。ルーゲとマルクスはドレスデンで会い、新しい雑誌の発行を企画した。新しい雑誌は、マルクスの提案で、「独仏年報」と名づけられた。ルーゲがわざわざブルックベルクにフォイエルバッハをたずねたのは、『キリスト教の本質』ですっかり有名になったフォイエルバッハを、今回もこの新しい年報の執筆者として迎えたいと願ったからである。

マルクス

マルクスもまた、フォイエルバッハが「独仏年報」に参加することを熱望していた。はじめの計画では、ルーゲはマルクスとそろってブルックベルクをたずねることになっていた。しかしマルクスが七年前に婚約したイエニーとクロイツナハで急に結婚式を挙げることになったので、ルーゲはひとりでフォイエルバッハをたずねたのである。ルーゲははじめて会ったフォイエルバッハに、熱心に「独仏年報」への参加を要請した。しかしフォイエルバッハは、遠来の客を二日にわたって歓待したが、「独仏年報」に参加する意志は示さなかった。

秋にはマルクスがクロイツナハからフォイエルバッハに手紙を書き、「独仏年報」が近くパリで刊行されることを伝え、当時ベルリンで盛名をはせていたシェリングの哲学についての批判を「独仏年報」に寄稿するよう依頼した。マルクスの手紙には、シェリングはすっかりプロシアの御用哲学者になっていて、「聖なるシェリングに対してはなにものも歯向ってはならない」という検閲訓令が出されているほどだ、と書かれてあった。「シェリングに対する攻撃は、間接的に、われわれのすべての政治、とりわけプロシアの政治を攻撃することになります。シェリングの哲学は、哲学の姿におけるプロシアの政治にほかなりません。」しかしフォイエルバッハは、マルクスのこの依頼にも応じなかった。いまは忙がしくしていて、「シェリングのような内容のない空っぽでかりそめの事柄」に関わっているひまはない、というのが、フォイエルバッハの返事であった。

フォイエルバッハは、「独仏年報」にはついに加わらなかった。ルーゲがかなり傍若無人《ぼうじゃくぶじん》な人物であることを知り、とても一緒にはやっていけないと考えたからだという見方もあるが、必ずしもそれだけの理由ではないであろう。フォイエルバッハは、計画されている「独仏年報」があまりにも政治的色彩がこく、プロパガンダ的な性格をもつことに反発したのである。ルーゲあての手紙で、フォイエルバッハは、「パリからドイツの方へ砲撃する」ことは、いまの段階ではまだ時期尚早だと主張した。「私たちはまだ理論から実践への過渡期にはいません。なぜかと言うと、私たちにはまだ理論が――少なくとも完成し、かつ全面的に貫徹された形態での理論が――欠けているからです。……ひとびとが内にむかって自分たちの威力を集中させることができるためには、外の面では自分たちを制限しなければなりません。」フォイエルバッハとルーゲの仲は、これ以後次第に疎遠《そえん》になった。

フォイエルバッハは、実際の政治活動はもちろんのこと、政治的意図をもって論文を書くことに対しても、強い拒否反応を示した。『暫定的提題』を読んだマルクスが、ルーゲにあてて、フォイエルバッハは「自然に眼をむけすぎて、政治に眼をむけなさすぎる」と書き送っているが、その通りであった。都市を離れ、自然を「女友達」として過ごしているフォイエルバッハにとって、現実とはなによりもまず、人間をも含めた自然を意味していた。とはいえ、フォイエルバッハは、政治の動向に無関心であったわけでは決してない。ドイツの反動政治の現状にはなはだしい不満を感じていた点では、ルーゲやマルクスと同じで、それだからこそかれらはフォイエルバッハを同志の一員と見ていたのである。

だがフォイエルバッハは、多くの革命思想家とはちがって、いまただちにドイツの民主革命が可能であるとは考えなかった。たとえ一時的に革命的な事態が生じても、ドイツの民衆はそれについてこないだろう。というのも、民衆の意識はまだそれを受け入れる段階にまで到達していないからである。現在必要なのは、むしろ遠い将来の革命にそなえて、ひとびとの意識を変革することではなかろうか。フォイエルバッハの予感は適中した。一八四八年に起こったドイツ国内での三月革命は、結局失敗に終わったのである。

フォイエルバッハは、著作家として自分の使命を、このように人間の意識の変革に置いた。キリスト教の批判にあれだけの精力を投入したのも、一部の進歩的思想家の喝采を求めるのが目的ではなかった。それはひとびとの意識が神から人類へと向きを変え、それによってひとびとの間に真の人間愛が確立するのを願ってのことであった。ひとびとがヒューマニズムの意識に目ざめない限り、どのような政治的改革を試みても無駄である。フォイエルバッハはこのことを固く信じて、ひたすら著作活動に専念する途を選んだのである。

こうした使命感からか、この頃フォイエルバッハは、自分の個人全集を出す計画を固めている。これも恐らくは「独仏年報」に参加しなかった理由の一つであったろう。一部の進歩的知識人だけではなく、できるだけ多くのひとびとに自分の主張を理解してもらいたい。そのためには、これまで発表した論文をも含めて、一貫した個人全集を出すのがもっとも適当な方法ではなかろうか。ただし、過去に発表したもので、いまの自分にはもう気に入らない論文もある。それにはこの際、思い切って手を入れることにしよう。こうした計画の下で、作業は進められた。全集の最初の二巻が出版されたのは、それから三年後の一八四六年である。全集の刊行は晩年の一八六六年まで続けられ、あわせて一〇巻から成る全集がわれわれの手許に残されたのである。

カップ家での出来事

フォイエルバッハがエルランゲン時代から親しく付きあっている友人に、クリスチャン＝カップ（Christian Kapp,1790―1874）という哲学者がいた。このひとはフォイエルバッハより六つ年上で、一八三九年にエルランゲン大学からハイデルベルク大学に移り、それ以後ずっとハイデルベルクに居を定めていた。フォイエルバッハとカップは、哲学に関して必ずしも同一の見解を懐いていたわけではないが、互いに相手の仕事を高く評価していたので、二人の間には緊密な友人関係が成立し、それはやがては家族ぐるみの交際にまで進んでいった。フォイエルバッハは時には家族を伴ってカップ家を訪れ、カップ一家の手厚いもてなしを受けた。フォイエルバッハがハイデルベルクで多くのひとびとと知り合いになれたのも、カップ家のサロンのお蔭であった。

カップには三人の子供がいたが、みなフォイエルバッハによくなつき、この「気さくな小父さん」がくるのを楽しみにしていた。だがここに一つの以外な事件がもち上がった。三人の子供のうち、一番年上の娘ヨハナが、好意を通りこして、フォイエルバッハに恋心を懐くようになったのである。一八四三年当時、かの女は一八歳に達していた。恋をしても別段不思議ではない年齢である。しかし妻子がある二〇も年上の男を慕うようになったのは、かの女の不幸であった。ある日、風邪をこじらせて高熱を発したかの女は、病床のなかでうわ言のようにフォイエルバッハの名を呼び、夢中のひとに恋のありたけを告白した。この話をきいたカップは仰天した。自分の娘がフォイエルバッハに恋をしているとは夢にも思わなかったからである。カップは家族にこのことを決してフォイエルバッハに伝えないように口どめした。

カップ一家

だが周囲のひとびとにいつも気を配っているフォイエルバッハが、ヨハナの恋心を知らなかったとは思われない。フォイエルバッハの方にも、多少心の動揺はあったであろう。しかしヨハナはまだ子供だ。そのうち気持も変わって、誰かしかるべき人物と結婚するだろう。それまではかの女の気持に委せておこう。あえてこのことを口にして、かの女の気持を傷つけるまでもないだろう。フォイエルバッハはこう考えて、かの女に対して相変わらず心やさしい態度をとっていた。だがヨハナの方は、これを見て、フォイエルバッハも自分を愛してくれていると信じこんでしまったのである。

一八四五年の六月、フォイエルバッハは家族とともにまたカップ家の客となった。しかし今回は全集出版に関して出版業者と話し合う用事があり、家族をカップ家に残して、カップとフォイエルバッハはスイスへと旅立った。ところがこの留守中に、自分を押え切れなくなったヨハナは、フォイエルバッハの妻ベルタに、自分がフォイエルバッハを愛し、フォイエルバッハもまた自分を愛していると告白した。ベルタはこの告白をきいて動転した。夫の愛は自分からヨハナに移ってしまったのだろうか。たしかにヨハナは私よりもずっと若く、美しい。だが私はいったいどうしたらよいのだろう。

ベルタは悩み抜いた。そしてついに夫にむかって、夫の将来の幸福のために自分が身を引こうと申し出たのである。フォイエルバッハも今回の出来事にはすっかり当惑していた。友人のなかには、この際妻と別れて、ヨハナと結婚すべきだと勧める者もいた。しかしベルタの決心は、フォイエルバッハの迷いを覚まさせてくれた。これまで貞淑に私につかえ、生活の上でも仕事の上でも私を励ましてくれてきたベルタと、どうして別れることができようか。自分の優柔不断な態度は間違っていた。フォイエルバッハは妻に自分の不明を詫び、別れる気持がないことをきっぱり告げ、カップ家にもこのことを伝えたのである。

フォイエルバッハの夫婦間の問題は解決した。しかしヨハナの方はあきらめなかった。後に『緑のハインリッヒ』を書いてスイスのゲーテともてはやされることになる若きケラーが、一八四九年にヨハナに求婚したとき、かの女は自分の心はすでに別のひとのものであり、そのひとといつかは永遠に一緒になれるという最後の希望を懐いていると書き送って、この求婚を断わった。フォイエルバッハに対する思慕は深く、変わらなかったのである。失意のかの女は、しばらくひとりでミュンヘンに住み、絵の修業にはげんだ。しかし母親が死ぬとふたたびハイデルベルクに戻り、家の面倒を見たが、生涯ついに結婚することはなかった。一八八三年、ヨハナはさびしく世を去ったが、最後の一〇年は精神の病いに冒されていたと伝えられている。

三月革命のなかで

ドイツ国外に眼をむけると、一八四七年にはロンドンで共産主義者同盟が結成され、四七年一一月に同じロンドンでその第二回大会が開かれることになり、マルクスは亡命先のブリュッセルから、エンゲルス（Engels, 1820—95）はパリから、ロンドンに到着した。この大会で二人の意見は多くのひとびとによって支持され、二人は党の綱領を書くように委嘱された。原稿は四八年一月に完成した。「今日までのあらゆる社会の歴史は階級闘争の歴史である」にはじまり、「万国のプロレタリア団結せよ」に終わる『共産党宣言』が、それである。

この原稿がロンドンで印刷されている最中に、パリでは二月革命が勃発した。労働者や学生は市内の各所にバリケードを築き、鎮圧をはかった政府軍に対抗した。キャプシーヌ街では、軍隊が押しよせてくるデモ隊に一斉射撃を加え、多数の死傷者を出す惨事となった。この事件がパリの市民を憤激させ、市民はことごとく革命側につき、フランス国王ルイ＝フィリップは退位を宣言してパりを離れた。こうして革命はいったんは成功し、王制は共和制に移ったが、しかし六月に再度蜂起した労働者は、すでに反動化しつつあった政府の武力行使の前に屈服した。一五〇〇人が銃殺され、二五〇〇〇人が逮捕されて、六月事件は終わった。一二月の大統領選挙ではルイ＝ナポレオンが大勝して大統領になり、三年後には帝位について、フランスはふたたび王制に戻ったのである。

こうしてフランスの二月革命は結局は失敗に終わったが、しかしその成功の第一報はドイツにとび、ドイツ国内の各地に革命的な事態を引き起こした。いわゆるドイツの三月革命である。

オーストリアのウィーンでは、三月一三日、ほとんどすべての市民が政府に反対して立ち上がり、議会と宮殿を取り巻いた。三九年間にわたって権力をほしいままにしていたメッテルニヒは、難を逃れてロンドンに亡命した。国王は市民に対して、出版の自由、国民軍の創設、憲法起草委員の召集を約束し、事態はいちおう収まった。プロシアのベルリンでも、メッテルニヒ体制の崩壊を知った市民たちが決起し、三月一八日から軍隊との間に市街戦がはじまった。市民は貧弱な武器しかなかったが、勇敢に戦った。鎮圧が不可能なことを知った国王は、軍隊をベルリンから退去させ、自由主義者カンプハウゼンに組閣を命じた。市民の意向はいちおう認められたのである。マルクスは四月に帰国し、「新ライン新聞」を起こし、ふたたび文筆を振うことになった。

こうしたドイツ国内の状況を背景に、五月一八日、国民主権に基づくドイツ憲法を制定するための国民議会が、フランクフルトのパウロ教会堂で開かれた。連邦の各国から選ばれた五〇〇名ほどの議員は、官吏・判事・弁護士・大学教授といった知識人たちで占められ、労働者はひとりも入っていなかった。これより前、アンスバッハの国民議会は、フォイエルバッハがフランクフルトの議会に立候補するよう提案した。またフランクフルトで発行されているある雑誌には、フォイエルバッハにあてた次のようなアピールが掲載された。

「高潔な思索家である先生、あなたは思想が奴隷化した時代に、事態を正しく認めることによって、理性と学問の神聖さを保っておられます。……高貴な精神の持主である先生、あなたの活躍なさる時がきました。真理の曙光が自由になった世界を照らしはじめたのです。……われわれはあなたがいまや閉じこもっている隠栖《いんせい》の地から出てこられんことを、設立される国民議会に立候補されんことをお願いし、そしてあなたが、われわれ固有の本性と矛盾するような法律が一項たりともももぐりこむことのないように、新しく建設される法の神殿を監視する役割を果たして下さるようお願いいたします。

一八四八年四月四日

ハイデルベルク大学生一同」

しかし政治活動のきらいなフォイエルバッハは、立候補の提案には応じなかった。それでもかれはフランクフルトへは出かけて行き、多くの自由主義者と歓談した。無能な「教授議会」(ひとびとはフランクフルトの議会を軽蔑してこう呼んだ)に見切りをつけたひとびとが「民主主義者会議」を結成すると、フォイエルバッハはその会合に出席した。しかし会合はくちばしの黄色い連中に牛耳られ、フォイエルバッハには発言の機会が与えられなかった。フォイエルバッハは黙って坐っていたが、次第に会議に出席する熱意を失っていった。

一方、国民議会の煮えきらない態度に憤激した市民は、九月一七日に各地から集まった進歩主義者たちと一大デモを行い、翌一八日にはバリケードを築いて政府軍に対抗したが、一夜のうちに潰《かい》滅《めつ》した。この事件で国民議会はすっかり権威を失い、フォイエルバッハもすべてを見限ってフランクフルトを立ち去ることにした。いったんダルムシュタットに移ったフォイエルバッハは、そこから全集の出版元のヴィーガントにあてて、手紙を書いた。「私は、最近の悲惨な出来事があってから、フランクフルトに留まる気をなくしました。ドイツの自由と統一は、自由と統一に対する悪魔の嘲《あざけ》りでしかありません。われわれはすでに一八三二年に辿《たど》ったのと同じ途を歩んでいます。われわれはいっそう深く沈没するために立ち上がったようなものです。」

ウィーンとベルリンでも反革命は進みつつあった。ウィーンでは、一〇月にふたたび民衆の蜂起があったが、軍隊に鎮圧され、多くのひとびとが戦時裁判にかけられ、処刑された。ベルリンでは一一月に反動的なブランデンブルク将軍が首相となり、戒厳令の発令によって革命派議員は逮捕された。この時点で革命はすでに終わったも同然であった。もっとも、フランクフルトの国民議会はまだ活動を続けていた。だが一八四九年三月に、オーストリアが国民議会を無視してオーストリア憲法を発布したので、国民議会はプロシア中心の統一国家を構想し、三月二八日、ドイツ帝国憲法をまとめあげた。しかしプロシア国王はこの憲法の公布を拒絶し、プロシア選出の議員を解任したので、バイエルンやザクセンといった連邦諸国もフランクフルトから議員を引き上げ、国民議会には一〇〇名ほどの左派議員だけが取り残された。この「残余議会」は、六月はじめに議場をヴュルテンブルク王国のシュトゥットガルトに移したが、一八日、ヴュルテンブルク国王は会場の閉鎖を命じ、騎馬警官隊を使って残った議員たちを追い払った。新憲法の公布をめざして五月からドイツ国内の各地で戦った農民や労働者——そのなかにはエンゲルスや無政府主義者バクーニン(Bakunin, 1814—79)の姿もまじっていた——も、七月には軍隊の前にことごとく屈服した。革命の火は消えたのである。

ハイデルベルクでの講演

宗教の本質についての連続講演

フォイエルバッハがまだフランクフルトにいた頃、ハイデルベルク大学がかれを教授としてむかえるという噂が拡がった。ハイデルベルクの学生団体も、フォイエルバッハを喜んでむかえるという声明を新聞に発表したりした。フォイエルバッハの教授就任は結局実現しなかったが、学生団体は必要経費を負担するからという条件で、宗教哲学に関する講義を半年間してほしいと重ねて申しこんできた。思案の挙句《あげく》、フォイエルバッハはこの申し入れを受け、一八四八年の一二月から翌年の三月にかけて、ハイデルベルクで宗教の本質についての連続講演を行った。すでに一八四六年に、フォイエルバッハは、「エピゴーネン」という雑誌に『宗教の本質』という論文を公表していたが、講演はこの論文を土台として行われたのである。

この講演はもちろん大学の正規の講義ではなく、市庁舎の講堂を利用して行われたもので、二〇〇人以上の出席者は、大学生や労働者を含めて、あらゆる階層のひとびとによって占められていた。そのなかには生理学者のモレショット（Moleschott, 1822—93）もいたし、前述の作家ケラー（Keller, 1819—90）もいた。ケラーはこの講演に感動して、故郷の友人に書き送った。「かれはもともと大学講師にはむいていず、講義はたどたどしく上手ではありません。しかし、哲学の領域で

ハイデルベルク市庁舎　著者撮影

今日きわだって傑出した歴史的人物が、自分でその宗教哲学を講義するのを聴くのは、大変興味深いことでした。……これから私がどうなるかをはっきり語ったり予測したりすることはできません。ただこれだけは確かです。私はフォイエルバッハのレヴェルに達するために、これまでの私の宗教観のすべてを白紙に還元するでしょう。あるいはすでにそうなっているかもしれません。かれは言います。世界は共和国であり、絶対的な神にも、立憲的な——合理主義的な——神にも耐えられない、……霊魂不滅はもう売りに出されている、と。その思想は実にすばらしく、感情豊かです。……私はフォイエルバッハほど、あらゆる衒学《げんがく》趣味から自由な人間を見たことはありません。かれは自然だけを重視し、自然に反したものを無視します。かれは全身全霊をこめて自然をその最奥において捉えており、神も悪魔もかれを自然から引き離すことはできないでしょう。」

　では、ケラーをこれほど感激させた「宗教の本質に関する講演」は、なにを主題としているのであろうか。この講演の土台となった『宗教の本質』をもあわせて考察しよう。

『キリスト教の本質』が、宗教のなかでもとくにキリスト教を対象とし、キリスト教の神が人間本質の疎外形態であることを明らかにしたのに対し、『宗教の本質』と「講演」は、自然を神として尊崇する、いわゆる自然宗教を主な対象とする。原始的な宗教は、いずれも自然宗教であった。では、人間はなぜ自然を神として崇《あが》めるのであろうか。その場合の神は、はたして人間本質の疎外形態と言えるだろうか。そうではないとすれば、人間の疎外形態と言えるのは、キリスト教の神の場合だけだろうか。自然宗教もまた宗教であるとすれば、キリスト教の本質がただちに宗教の本質であるとは言えなくなるのではないか。『宗教の本質』は、こうした反省のもとに書かれたフォイエルバッハの第二の宗教論なのである。

フォイエルバッハは、「講演」のなかで、自分が反省したことを正直に語っている。『キリスト教の本質』は「大きな欠陥」をもっていて、そのためにひとびとは私の書物を誤解した。私は『キリスト教の本質』では「自然」を無視したが、それはキリスト教自身が自然を無視しているからである。キリスト教は「観念論」であり、その神は「自然をもたない神」である。「私は『キリスト教の本質』では、人間の本質だけを扱い、直接人間の本質から私の書物をはじめた。というのも、キリスト教は、太陽や月や星や火や大地や空気を神的な諸力や本質として尊崇するのではなく、自然から区別された人間の本質を基礎づける諸力、すなわち意志、知性、意識を神的な諸力や本質として尊崇するからである。」だがここからひとびとは、「私が人間的な本質を無から生じさせ、なにも前提としない本質にする」と誤解した。ひとびとは、人間は決してなにも前提としないで自分自身を創り出したのではなく、人間ははじめから人間以外のものに依存しており、そのことによってすでに自分以外のものを前提している、というふうに、私の見方を批判した。

この批判に対して、私は答える。「みなさん、あなた方は完全に正しい！ 私はあなた方と同じように、いやそれよりもよく、それだけで孤立し絶対的なものと考えられた人間の本質は不合理きわまるものであり、観念論的な幻像にすぎないことを知っている。だが人間が前提し、人間が必然的に関わりあい、それがなければ自分の存在も本質も考えられることができない存在というのは、みなさん、実は自然以外のなにものでもないのであって、みなさんが考えているような神ではない。」

人間は決して自足した存在ではなく、人間以外のものに依存した存在である。しかし人間が依存している当のものは、キリスト教徒が信ずる神ではなくて、自然である。フォイエルバッハは、すでに『根本命題』やそのほかの哲学小論文で、自然こそが現実であり、また人間は自然を離れては存在できないことを認めていた。その限りでは、ここでの主張も、それほど目新しくはないであろう。だがそれにしても、なぜ自然宗教において自然が神として崇められるのであろうか。自然の神格化に際しても、人間の本質はなんらかの役割を果たしているのだろうか。

依存感と利己主義

『宗教の本質』の冒頭で、フォイエルバッハは、人間の「依存感」が「宗教の根拠」である、と主張する。依存感と言えば、フォイエルバッハが学生時代に説教をきいたシュライエルマッハーが、その当時すでに宗教は宇宙とか神といった絶対者に対

シュライエルマッハー

する人間の「絶対的依存感」に基づく、と語っていた。だがフォイエルバッハの言う「依存感」は、かれ自身によると、こうした「シュライエルマッハー的感情」、つまり「神学的な、不明確な、抽象的感情」ではない。それは「眼と耳をもち、手と足をもつ」依存感であって、その対象は「感官の対象」としての自然である。人間はなによりもまず、「光、空気、水、土、食物」がなければ存在できない。人間は生きていくためにこれらの自然を——眼で見たり手で触れたり飢えをいやしたりする自然を——必要とし、それに依存しているのである。

この依存性は、動物や、まだ動物的段階にある人間にとっては、無意識的な依存性にとどまっている。しかしいったんこの依存性が意識されるようになると、つまり「依存感」をもつようになると、そこに宗教が成立する。こうしてたとえば、あらゆる生物は自然の四季の交替に依存しているが、依存感をもつようになった人間だけがそれを宗教的祝祭の対象として祝うようになるのである。自然宗教は、このように人間の生活に密着した自然を対象とするから、生活環境が異なるにつれて異なった自然宗教が成立するのも当然である。エジプト人はエジプト人の自然宗教をもち、インド人はインド人の自然宗教をもつ。また古代の諸民族が、それぞれかれらの土地の山や川を宗教的に崇めたのも、決して不思議ではない。フォイエルバッハによると、各種の「動物崇拝」も同様であって、各民族はその生存に不可欠な動物を神化し、崇拝したのである。

しかしそれにしても、自然は人間に恵みだけを与えるのだろうか。自然は人間に禍いをもたらすこともあるし、現に原始民族は恐怖感からそうした自然の威力を神格化したのではなかろうか。この点について、フォイエルバッハは次のように考える。たしかに多くの未開民族は、人間に恐怖を与える自然現象を神格化しているが、しかし恐怖感だけを宗教の説明根拠とするのは誤りである。なぜなら、人間に恐怖感を懐かせる自然現象は、実はその結果においては人間にきわめて慈悲深い恵みを与える現象だからである。樹木や動物や人間を引き裂く雷神は、結果的には豪雨を降らし田畑をよみがえらせる救いの神である。ここでは「恐怖の対象がまた尊敬や愛や謝恩の対象」なのである。現に古代ゲルマン人にとって、雷神トールは、「農耕の保護者」であり、「人間にとって友人である神」であった。宗教が人間の依存感に根拠をもつと言うとき、それは恐怖と喜びの感情をともに含むのであって、それゆえにこそ「依存感」といういっそう包括的な名称が宗教の根拠として選ばれたのである。

自然が恐怖の対象となるのは、それが人間の生命・生活を脅かすからである。自然が感謝の対象となるのは、それが人間の生命・生活に恵みを与えるからである。どちらの場合も、人間の生命・生活の維持ということが人間の関心事なのである。言いかえれば、人間の生命・生活こそが、人間にとってもっとも貴重である。そうだとすれば、自然の神格化に際しても、人間にとって人間の生命こそが基本であるという人間の本質が、そこに反映しているのではなかろうか。人間は自然をたんに自分に無関係なものとして神格化したのではない。人間は自分の生命を尊重するからこそ、人間の生命や生活が依存している自然を神として崇めるのである。

「……ところで、人間のうちにある最高の本質とは何であろうか。それは人間のすべての人間的衝動、欲求、素質の総体であり、一般に人間の存在、生活である。なぜなら、人間の生活は実にすべてのものを自分のうちに包括しているからである。それゆえ、人間が自分の生活が依存しているものを神もしくは神的存在とするのは、もっぱら人間にとって人間の生活が神的存在であり、神的善もしくは神的事柄である、という理由に基づいている。」こうしてフォイエルバッハによると、もっとも単純な形態の自然宗教においてすら、「『キリスト教の本質』で語られた命題、すなわち人間は宗教においてはたんに自分自身に関係し、人間の神はたんに人間自身の本質にすぎないという命題が、確証される」のである。

フォイエルバッハは、「講演」のなかで、人間が自分の生活を絶対視する姿勢を、「利己主義」と呼んでいる。もっとも、この場合の利己主義とは、「もっぱら自分の利益を求めるような利己主義」でもなければ、「俗物やブルジョアの特徴を示しているような利己主義」でもない。「私が利己主義ということで理解するのは、神学的な偽善や、宗教的および思弁的な空想や、政治的蛮行および専制が人間にむけるあらゆる非自然的で非人間的な要求に抗して、人間が自分の本性と理性に適合して自分自身を価値あるものとして、自分自身を主張することである。」それは人間にとって「必要で不可欠な利己主義」であり、「それがなければ人間がまったく生活できないような利己主義」である。人間の依存感の背後にあるのはこうした利己主義であり、したがってそれはまた、

「宗教の究極の主観的根拠」とも言えるのである。

フォイエルバッハの信念

こうしてフォイエルバッハは、自然宗教の成立根拠をたずねていくことによって、人間の利己主義に到達した。自然が神格化されたのは、人間にとってもっとも貴重な人間の生命が自然に依存しているからである。だが人間のひとりひとりにとって貴重なのは、なによりもまず自分の生命であり、他にかけがえのない生命である。人間はそれぞれ自分の生命が自分にとって神的であることによって、必然的に利己主義者なのである。利己主義という言葉になおこだわりをもつひとは、フォイエルバッハにならって、それを人間の「自己保存欲」と置きかえてもよい。もっとも、原始的な自然宗教が、はたしてフォイエルバッハの言うように、人間ひとりひとりの自己保存欲から生じたかどうかは、問題であろう。集団のうちに埋没して生きていた原始民族が、たとえ無意識のうちにおいてであれ、個別的な自己の生命を絶対視していたとは考えられないからである。

しかしそれはそれとして、人間にとって人間の生命や生活が神的存在であると主張することによって、フォイエルバッハは『キリスト教の本質』の立場からさらに一歩前進した。『キリスト教の本質』では、人間の精神的な諸力が人間から疎外され、神に仕立てられるとされていた。だがそうした精神的諸力も、生命や生活を基盤としなければ成立しない。とすれば、人間がまずもって尊重しなければならないのは、自然に依存する人間の生命であり、生活であろう。キリスト教はあまりにも「観念論」的で、人間の自然的生命を軽視する。というよりは、すでに『死と不死』のなかで語られていたように、むしろ現世における生命を抑圧する方向にむかうのである。人間の生命や生活を抑圧するという点では、「政治的蛮行」や「専制政治」も同様である。これらの制度のもとでは、人間にとって貴重な生命や生活が疎外されるのである。フォイエルバッハのキリスト教批判と政治批判は、ここではじめて一体になったと言えるであろう。

講演の最終日、フォイエルバッハはひとびとに次のように訴えかけた。「われわれは死者はそのままにして、生者のことだけを気遣おうではないか。もしわれわれが、よりよい生活をもはや信仰するのではなく、意欲する、しかもばらばらにではなく力を合わせて意欲するならば、われわれはまたよりよい生活を創造することになるし、すくなくとも人類がこれまで悩んできた極悪非道の不正義や害悪を取り除くことになろう。だがよりよい生活を意欲し、実現するためには、われわれは神への愛を唯一にして真の宗教である人間愛に、神への信仰を人間そのものへの信仰に、人間の力への信仰に、つまり人間の運命は人間の外もしくは上にある存在にではなく、人間自身に依存するという信仰に、人間の唯一の悪魔は人間すなわち粗野で迷信的で我欲的な人間であるが、しかし人間の唯一の神もまた人間自身であるという信仰に、置きかえなければならない。みなさん！　私はこの言葉で講演をしめくくることにする。」

講演をきいた労働者たちも、フォイエルバッハに感謝のメッセージを送った。「尊敬する先生！　われわれはあなたが街を去られる前に、聴講を心よく許可し、講義を通じてわれわれに示された御親切なお力添えに対して、心からお礼申し上げます。このお力添えは、実際われわれに与えられた最大のものでした。われわれ労働者は、これまであらゆる事柄に関して呪われ、隷属させられてきました。われわれは真の教育も知識も与えられずに育てられ、富の所有を奪われ、そのことで自分を精神的に自由な人間に形成する手段を奪われてきました。われわれは窮乏状態の改善と、精神的な奴隷状態からの解放をわれわれの時代に期待しました。……われわれは学者ではなく、したがってあなたの講義の学問的な価値を評価することはできません。しかしわれわれは、あなたが戦いを挑んでおられる僧侶や信仰の虚偽こそが、われわれが苦しめられている抑圧と非道にみちた現体制の究極の基礎であること、そして信仰のかわりに愛を、宗教のかわりに教養を、僧侶のかわりに教師をと説くあなたの教えが、われわれが求める将来を保証する唯一の基礎であることを、十分に理解しました。」

フォイエルバッハの講演は、こうして多くのひとびとに感銘を与え、影響を与えた点では、成功したと言えるだろう。講演をまとめた全集第八巻『宗教の本質にかんする講演』は一八五一年になって公刊されたが、この巻の序文で、フォイエルバッハは当時を回想して語っている。私は革命当時、政治的な運動や討議には「たんに批判的な傍観者と傍聴者」として参加した。「私は効果がなく無思慮な企てに対しては、活動的に関わることはできなかった」し、すでに「それらの運動や討議の結末を予見していた」。宗教の本質についての講演のみが、「いわゆる革命時代における私の唯一の公的な活動的発言」であった。私が革命になぜ参加しなかったかとたずねるひとに、私は答える。「私は偉大で勝利に富む革命、しかもその真の作用と成果が数世紀の経過のうちではじめて展開するような革命には、活動的に関与する」、と。フォイエルバッハは実際の政治活動には参加しなかったが、ひとびとの教化という活動を通じて、来るべき真の革命に参画した、と信じていた。すでにふれたと思うが、人間の心情が変革されなければ、いかなる政治的改革も無意味である、というのがフォイエルバッハの信念だったのである。ただこの講演は、経済的には引き合わなかった。数多くの政治亡命者のための救援金が、講演料のなかから支払われたからである。

Ⅳ 晩年と影響

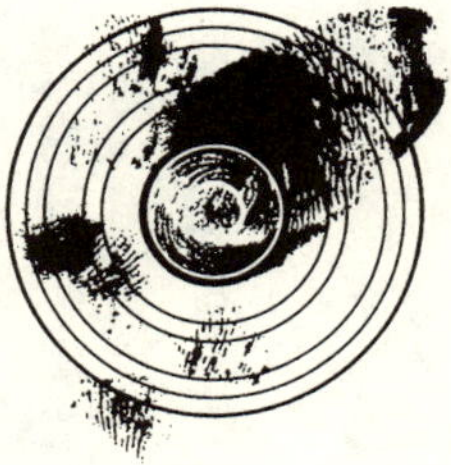

『神統記』

モレショットの『食料論』　ハイデルベルクでの講演をすませたフォイエルバッハは、ふたたび都会を離れてブルックベルクの田園に戻った。国内は反動の嵐に見舞われていた。しかも生活の頼りとしていた製陶工場が、最大の得意先であるオーストリアが革命期の混乱で財政困難になったために、取引が激減し、経営が苦しくなってきた。おまけにあれほど好評だった『キリスト教の本質』の売れ行きも、三月革命が書物の流通に影響を与えたこともあって、急激に鈍化した。ブルックベルクでの生活は、必ずしも快適とは言えなくなってきたのである。

フォイエルバッハは、鬱屈《うっくつ》した気分をほぐすために、自然科学の書物を手にとることが多くなったが、そのなかの一冊がかれをひきつけた。著者はハイデルベルクの講演に出席し、フォイエルバッハと歓談を交わしたこともあるモレショットで、『食料論――国民のために』という表題をもつ書物がそれである。モレショットは、この書物のなかで、三つの栄養素――(1)無機的栄養素、(2)窒素を含まない栄養素、(3)窒素を含む栄養素――を区別し、生命を維持していくにはこれら三栄養素がともに必要なことを指摘した。今日の言葉で言えば、(2)は穀類やじゃがいもに含まれる炭水化物であり、(3)は動物の肉や豆類に含まれる蛋白質である。モレショットはこの啓蒙的な食料論を通じて、あわせてひとびとに栄養の改善を訴えたのである。

神的な人間の生命が自然にまったく依存していると考えるフォイエルバッハは、この書物が自然科学の側から自分の主張を保証しているのを知って喜んだ。生命が自然に依存していることは、人間が食べていかなければ生きていけないという、ごく当り前な事実からも確証される。「人間は、まさにかれが食べる《イスト》ところのものである《イスト》」——これが『食料論』を読んだフォイエルバッハの第一の感想であった。「食料だけが実体であり、食料が精神と自然の同一性である。脂肪が存在しなければ、肉は存在しない。だが脂肪が存在しなければ、脳髄も存在せず、精神も存在しない。そして脂肪は食料だけから摂取される。食料はスピノザの〈一にして全〉であり、すべてを包括するものであり、本質の本質である。すべては、食べることと飲むことに依存する。」

モレショットはまた、イギリスの労働者はローストビーフを食べるから頑健《がんけん》であり、イタリアの貧民は植物食しか摂らないから怠惰になる、と説いた。フォイエルバッハは、これを受けて、三月革命が失敗したのは、ドイツの民衆がもっぱらじゃがいもだけで飢えをしのいでいるからだ、と考える。優柔不断な意志を直すためには、じゃがいもではなくて肉や豆を、つまり炭水化物ではなくて蛋白質を摂取しなければならない。肉を食べることができない貧しい階層でも、豆なら食べることができる。「食料は知恵と徳の基礎」であり、「知恵と徳がなければいか

モレショット

なる革命も成就しない」。もしかしたら国家は、国民に隷属を強いるために、じゃがいもという「非人間的で反自然的な食料」を押しつけているのではないか。

フォイエルバッハは、『自然科学と革命』という雑誌論文で、モレショットの『食料論』を紹介しながら、自分の感想をこうした形で披瀝《ひれき》した。その後もフォイエルバッハは、『犠牲の秘密――人間はかれが食べるところのものである』という小論で、同じ主旨の発言を繰り返している。だが多くの読者は、この発言の真意はおろか、その背後にある痛烈な皮肉を察することができなかった。「人間はかれが食べるところのものである」という警句を、ひとびとは通俗的な唯物論の主張として受けとめ、それに賛成したり反対したりするにとどまったのである。

アメリカからの誘い　この頃また、フォイエルバッハは、父親アンゼルム＝フォイエルバッハの遺稿を整理し、二巻本の書物として公刊した。この仕事はもともと法学者の兄が手掛けるはずであったが、その兄が亡くなったために、フォイエルバッハが代わりをつとめることになったのである。かれは多くの時間を費し、さまざまな資料を集め、偉大な刑法学者であった父の一生を浮き彫りにしようと努力した。だがこの二巻本は、当時のひとびとの注目をひくには至らなかった。ひとびとは刑法学者アンゼルムの名をそろそろ忘れかけていたし、その遺稿をまとめたのがほかならぬ「唯物論者」ルートヴィッヒであるという理由で、敬遠したのであろう。印税を当てにしていたフォイエルバッハは、この件でも期待を裏切られることになった。

そうこうしているうちに、フォイエルバッハはもうひとりの兄アンゼルムを喪い、さらに一年後に、母親ヴィルヘルミーネを喪った。製陶工場の経営も、ますます行きづまってきた。そうしたフォイエルバッハの苦境を察してか、アメリカにいる知人からこちらに来ないかという誘いがかかってきた。その当時多くのドイツ人が、祖国の現状に見切りをつけて、新天地アメリカに移ったが、そのなかにフォイエルバッハの友人も何人かまじっていたのである。ある友人はアメリカで土地付の住宅を提供しようと申し出たし、ある友人はアメリカで講演会を開いてはどうかと勧めてくれた。フォイエルバッハも、一時はかなり乗り気になってこの問題を考えたようである。しかし以前に計画したフランス行きと同様に、このアメリカ行きも結局は計画だけに終わった。五〇歳にもなって、はたして新しい土地になじむことができるだろうか。いったいアメリカでも自分は思索活動を続けていけるだろうか。自分はまだまだ書かなければならないことがある。フォイエルバッハは、たとえ経済的には苦しくても、ドイツで思索を続けようと決心した。

『神統記』の執筆

フォイエルバッハは、ふたたび力をふるい起こして研究と著述に没頭した。一八五七年、この仕事は完成して、全集第九巻として出版された。『神統記――古典的、ヘブライ的、キリスト教的古代の史料による』が、それである。

神統記と言えば、われわれはまず、ギリシアの詩人ヘシオドスの『神統記』を思い出すであろう。神統記、すなわちギリシア語のテオゴニアは、神々（テオイ）の誕生（ゴノス）を物語るもので、そこでは混沌《こんとん》を意味するカオスの神の誕生にはじまり、ギリシアの神々がどのような系譜をたどってつぎつぎに生まれてきたかが語られている。つまりそれは神の系統譜で、テオゴニアが神統記と訳されるのも、こうした内容にちなんでのことなのである。

だがフォイエルバッハの『神統記』(ドイツ語でテオゴニー)は、書名は同じでも、内容はまったく別である。フォイエルバッハがこの書で問題にしているのは、神々がいかにして誕生したかではなく、神々がいかにして人間によって誕生させられたかなのである。神を産んだのは人間である。この点では、フォイエルバッハの主張は、『キリスト教の本質』や『宗教の本質』での主張と変わってはいない。『キリスト教の本質』では、キリスト教の神は人間の本質の外化によって産まれ、『宗教の本質』では、人間の依存感と利己主義が自然の神を産んだとされていたのである。では、『神統記』は、それ以上に新しいことを語っているのであろうか。

『神統記』は、「古典的、ヘブライ的、キリスト教的古代の史料による」とあるように、ギリシアの神々、ユダヤ教の神、キリスト教の神を対象とする。しかしなんと言っても考察の主対象はギリシアの神々で、ことにホメロスの『オデュッセイア』と『イーリアス』についてはさまざまな文献が縦横に駆使されていて、当時フォイエルバッハがこの方面の知識の習得にいかに熱心であったかがうかがえるのである。ヘシオドスにちなんで『神統記』という表題を選んだのも、一つにはこの書物が主としてギリシアの神々を扱ったことによるのであろう。

ところでフォイエルバッハは、この書物で、神々を産み出したのは人間の幸福への願望である、と主張する。「願望は神々の起源であり、宗教の起源、根本本質、原理である。だがどのような願望だろうか。人間が詩人としてミューズの神々に切願する場合は、すばらしい詩への願望であり、人間が戦士として戦いの神々に切願する場合は、勝利への願望であり、人間が農夫や牧者として田畑や家畜の神々に切願するのは、恵まれた収穫や生産的な家畜群への願望である。……一言で言えば、幸福でありたいという願望である。なぜなら、人間が幸福であるのはただ次の場合、つまり生活の諸目的を達成したり、さまざまな企てが成功したり、もろもろの願望がかなえられたりして、もはやいかなる苦悩も禍いもかれを圧迫しない場合だからである。」

「幸福への願望」

「願望は神々の原現象である。さまざまな願望が発生するところに神々は現れる、と言うよりは、まさに発生する。」幸福への願望は、そうした意味で、「神統記的な願望」、つまり神々を誕生させる願望なのである。なるほどギリシアの神々は、人間の美的関心をも満足させる。その点でギリシアの神々は他民族の神々とは異なっている。けれども、オリュンポス山上の輝かしいゼウスに夢中になって、「粉屋のゼウス」を見失ったり、ミューズの神々を率いるアポロンに夢中になって、「粉小屋のアポロン」や「黒穂病のアポロン」を忘れてはならない。「神々が地上に現れたのは、彫刻館や絵画館で美学者たちに讃嘆させる素材を提供したり、哲学者たちに思索させる素材を提供したりするためにではなく、なによりもまず飢えをしずめ渇きをいやすために、つまり人間の困窮を救うために現れたのだということを見逃さないことが必要であり、したがってもっとも最初にして平俗な欲求や衝動が、つまり人間の存在の基礎が、同時に宗教や神々の基礎であり、神々のもっとも最初で基本的な使命が、人間を産み、育て、維持するという使命であることを誤認しないことが必要である。」

こうして神々は人間の幸福への願望から生ずるが、しかしそれだからと言って、神々はいつも人間の願望をかなえてくれるわけではない。人間が幸福を願望するのは、もともと人間がその幸福を自分の力では実現できないからである。もし人間が自力で幸福を達成できるなら、そうした幸福をことさらに願望したりはしないであろう。その場合には神々もまた不必要であろう。「もし私の能力と私の願望とが合致していたら、私は私から区別される神についてはなにも知らないであろう。なぜなら、その時は私自身が神だからである。」人間は自力で達成できない幸福の実現を神に求める。それだけにその幸福は実現しないこともあろう。あるいは願望に反して不幸が身にふりかかることもあろう。そこで人間は、人間の運命が神々の手中に握られていると考えるのである。

だがそれにしても、人間の幸福への願望が実現しないのは、人間が人間の定めをこえた願望をもつからではないか。だから『オデュッセイア』のなかで、ゼウスも言っている。「死すべき人の子が神々を責めるとは、なんたることだ。禍いはわれらから来ると申しているが、かれらはおのれの愚かさゆえに、定めをこえた苦労をなめている。」（高津春繁訳）運命は人間の願望のあり方に左右される。願望がつましいものであれば、みたされることが多い。あるひとに言わせれば、自分が願望するものをもっているひとが幸福なのではなく、自分がもっていないものを願望しないひとが幸福なのである。あるいはまた一古典学者にしたがって、次のように言うこともできよう。「事物の本性にしたがって振舞わないひとは、自分自身の本質を運命と呼ぶのが常である。」

ところでフォイエルバッハによると、神々が人間の願望をかなえてやらない「真実で究極の根拠」は、神々が人間の願望の対象であると同時に、人間から独立した自然の存在であることにある。願望は神々の根拠であり、願望そのものは人間に由来するが、しかし願望の対象は——もしその願望が空虚な超自然的願望ではないとすれば——外的自然に由来する。「人間の感官の対象は、またかれの願望の対象でもある」のである。『宗教の本質』では、自然宗教の神々は人間が依存している自然の神化によって生じたとされていたが、このことはギリシアの神々にも当てはまる。こう語ることによって、フォイエルバッハはふたたび自然主義の立場に立ち戻るのである。『イーリアス』のなかで、無謀な戦いを挑んで死ぬパトロクロスについて、ホメロスは、「だがどんな場合にもゼウスの神慮は、まったく人間どものおもんぱかりを超えるものなのだ」(呉茂一訳)と語っているが、これはフォイエルバッハの言葉に直すと、「自然の威力は人間の力よりもいっそう強い」ということなのである。

古典からのきらびやかな引用によって飾られているにもかかわらず、『神統記』の全体を貫いている基調は、運命に対する一種の諦念である。そこには『キリスト教の本質』に見られるような若若しい高揚もなく、『宗教の本質にかんする講演』に見られるような政治体制に対する鋭い批判もない。これはすでに五〇代に入ったフォイエルバッハが、「青年の行動力」を失い、それにかわって「老年の分別と経験」をえたからなのであろうか。革命の挫折と家計の困窮は、フォイエルバッハを年齢以上に老いこませたようである。ルーゲは『神統記』について、この書物は『キリスト教の本質』で説かれた主題の「興味あるヴァリエーション」以外のなにものも含んでいない、と酷評した。この批判が当たっているかどうかは別問題として、ひとびとがもはやフォイエルバッハの宗教研究に興味を示さなくなったことは確かである。当時のひとびとの関心は、ショーペンハウアー(Schopenhauer, 1788—1860)の哲学の上に移りつつあった。だがショーペンハウアーが『意志と表象としての世界』で示した現世に対する深い諦念を、フォイエルバッハもまた味わっていたのである。

『唯心論と唯物論』

新しい地レッヘンベルク

一八五九年、製陶工場はついに倒産した。フォイエルバッハは、二〇年以上も住みなれ、自分の身体の一部にもなってしまったブルックベルクの館を、他人に引き渡さなければならなくなった。ブルックベルクの土地をこよなく愛していたかれは、この地を立ち去るにしのびなかった。かれは館の近くにある農夫の空家に移ろうと提案したが、妻や娘が反対したので断念した。結局フォイエルバッハ一家が落ち着くことになったのは、ニュルンベルクの市外にあるレッヘンベルクという村で、都市の近くにしては緑の多い、環境に恵まれた土地であった。そこに一軒の二階家があって、一家はその二階を借りることになった。フォイエルバッハは、製陶工場を支えるために自分の原稿収入も注ぎこんでいたので、引っ越しの費用にもこと欠く状態だった。幸いひとりの友人が費用を調達してくれ、フォイエルバッハ一家はようやく新しい土地に移れたのである。一八六〇年のことであった。

フォイエルバッハは、新しい土地と住宅に、なかなかなじむことができなかった。生活をどうして維持していけばよいかも、悩みの種であった。しかし友人たちの奔走によって、一八六二年、「シラー財団」というところから経済的援助の手が差しのべられることになった。以後一八六八年

レッヘンベルクの住居

に至るまで、フォイエルバッハ一家の生計は、主としてこの「シラー財団」によって支えられたのである。ともかく生活が安定したフォイエルバッハは、ふたたび執筆活動を開始した。それに書物を通じてフォイエルバッハを尊敬していた未知の友人がたずねてくることもあって、フォイエルバッハを喜ばせた。一八六四年には、ベルリンにいる友人たちが、かれをベルリンに招待した。フォイエルバッハの生涯を定めた曽遊《そうゆう》の地ベルリンを再訪したかれは、あちこちに当時の思い出を探ったり、美術館をたずねたりして、楽しい四週間を過ごし、レッヘンベルクに戻った。

ふたたび哲学研究に

一八六六年、フォイエルバッハは、レッヘンベルクに移ってから書きためたいくつかの論文をまとめ、『人間学の立場からの神、自由および不死』という表題をつけ、全集の第一〇巻として公刊した。これはフォイエルバッハが生前に刊行した全集の最後の巻となったが、ここに収められた論文のうちもっとも重要なのが、

『唯心論と唯物論――とくに意志の自由に関連して』である。この論文でフォイエルバッハは、唯心論と唯物論、意志の自由と必然との対立をどう考えたらよいかという、哲学的な問題を扱っている。『根本命題』を書いて後、長い間宗教研究に没頭していたフォイエルバッハは、ここでふたたび哲学的研究に立ち戻った。

まず唯心論と唯物論の対立について、フォイエルバッハは次のように考える。自分で「観念論」と称している「当世の哲学的唯心論」は、「唯物論」を独断論だと非難する。というのも、唯物論は、「出来合いの客観的真理としての感性的世界から出発し、この世界をそれ自体として、すなわちわれわれなしに存立する世界として前提する」からである。つまり観念論者に言わせると、唯物論は「まったく転倒した直観」を出発点としている。唯物論は、「導き出された第二のものを第一のものとし、主観からではなくて客観から出発し、本来唯一の確実なものである私からではなくて対象から出発する」という誤りを冒《おか》しているのである。

こうした観念論の唯物論に対する批判に対して、フォイエルバッハは自分の立場を次のように表明する。「ひとびとが主観から、私から、出発しなければならないという点においては、私は観念論に一致する。なぜなら、これはまったく明らかだが、私に対して存在し、私に対してそのようにある世界の本質は、もっぱら私自身の本質に、私自身の理解力や性状一般に、依存するからである。したがって、私にとってそのように対象である世界は、その独立性をそこなうことなしに、たんに私の対象化された自己にすぎない。しかし私は、観念論者がそこから出発する自我、つまり感性的事物の存在を廃棄する自我は、それ自身いかなる存在ももたず、たんに思考された自我で、現実的な私ではない、と主張する。現実的な私であるのはただ汝が対立する私だけであり、ただそれ自身他の私に対して汝であり客観であるような私だけである。だが観念論的な自我にとっては、一般にいかなる客観も存在しないのと同様に、またいかなる汝も存在しない。」

　唯物論が、感覚的世界を人間から絶対に独立したものであるとし、その世界が人間が存在しなくてもそのように存在すると主張するならば、それは観念論者が言うように、独断論である。感性的世界が人間の感性的世界である限り、それを人間から切り離して絶対化するのは、実は一種の抽象化であって、その場合には世界と相即している人間の側にも抽象化がなされていることになろう。しかしまた、観念論が人間から出発するといっても、その人間が抽象的な「思考された自我」にすぎないならば、観念論のもつ抽象性もまた明らかであろう。唯物論も観念論も、人間を人間として、その具体的な全体性において捉えていない。

　したがって、人間を具体的な全体において、つまり思考と感覚との真の統一において捉えることができるなら、唯物論と観念論の対立も解消するであろう。フォイエルバッハが書き残した『箴《しん》言《げん》』によると、もともと唯物論と観念論の対立抗争は、物体と精神、肉体と魂の対立に根ざしたものではなく、感覚と思考の対立に根ざしたものであるから、「一切はただ思考と感覚との関係の解決にかかっている」。そして人間学のみが、つまりフォイエルバッハが提唱する「新しい哲学」のみが、この問題を解決でき、人間を具体的全体において捉えることができる。「唯物論も観念論もともに真理ではなく、真理なのはただ人間学」なのである。

もっとも、フォイエルバッハは、「感官から引き離され、感官の真理を否認する、理性または哲学」に対しては、自分の立場を積極的に「唯物論」と呼ぶが、しかしその場合の唯物論とは、「もっぱら純粋な感覚主義的な愛欲と生活欲から人間を、つまり現実的感性的個別的人間を存在させる唯物論」のことである。それは「極端な、超越的な、人間を超え出てさまよう唯物論」ではなくて、「内在的な、人間のうちに、そして人間のかたわらにとどまっている唯物論」であって、これは結局フォイエルバッハの言う「人間学」にほかならない。こうした人間学こそが、これまでの唯物論と観念論の争いを調停する「アルキメデスの立場」なのである。

感覚と思考の統一体としての具体的な人間は、個体としての人間である。「私は、ここまでは個体で、それから先は個体ではない、といった存在ではない。……個体性は不可分性であり、統一性であり、全体性であり、無限性である。私はいたるところで、徹頭徹尾、頭のてっぺんから爪先に至るまで、最初の原子から最後の原子に至るまで、個体的な存在である。私は、ある限定された形態における人間であり、人間一般ではない。私は、もっぱらこの絶対的に規定された人間として、人間である。人間であることと、この個体であることは、私においてはまったく不可分なのである。」

個体であるのは、この私だけではない。私以外の他人もまた、それぞれにおいて個体である。人間の一つ一つの個体は、互いに無限に異なっている。こうした個体間の区別が廃棄されるなら、個体性そのものも廃棄されることになろう。単独にただ一つ孤立した個体というものは存在しない。

「私」という個体は「汝」という個体と異なる限りにおいて個体であり、「汝」は「私」と異なる限りにおいて個体である。先の引用にあるように、「現実的な私であるのはただ汝が対立する私だけ」である。読者はここで、「私」と「汝」の区別と統一という、『根本命題』の基本構想をふたたび確認することになろう。二〇年以上の歳月が経過したにもかかわらず、この基本構想にはいささかの変化も見られないのである。

意志について

では、意志についてはどのように考えるべきであろうか。フォイエルバッハによると、「超自然主義的な哲学者たち」は、人間の意志は「一切の自然法則と自然原因から独立し、まさにそのゆえに一切の感性的動機から独立した意志」であり、したがって自由である、と主張する。こうした超自然的な意志の自由を、かれらは、人間が自殺できるという事実によって証明する。たとえばフィヒテは、自然のうちには自己保存の衝動しかなく、したがって「死を決意することは、自然に対する概念の優位をもっとも純粋に表現している」と考えるし、ヘーゲルもまた、次のように言っている。「(純粋な無規定性という)意志の原理のうちには、私が私をあらゆるものから解放し、あらゆる目的を放棄し、あらゆるものを捨象《しゃしょう》できる、ということが横たわっている。ただ人間だけがあらゆるものを、自分の生命すらも、放棄することができる。人間は自殺することができるのである。」

だが自然と自由、自己保存と自殺は、はたしてかれらが主張するように、互いに対立するのだろうか。決してそうではない。動物が「無制限な自己保存欲」だけから行動していると考えるのも誤りだし、自殺を決意した人間が自己保存をまったく顧慮《こりょ》していないと考えるのも間違いである。フォイエルバッハによると、自殺は、人間の自己保存欲の一種とも言える自愛と矛盾するように見えるが、実はそうではなく、自殺はむしろ人間の自愛から生じた行為である。自殺する者は、幸福欲のあらゆる満足を断念するが、しかしかれはそのことによって、自分の幸福欲がもはやなにものによっても傷つけられないことを願うのである。自分はもはやこれ以上不幸や不運によって悩まされたくないと思うのは、自己の幸福を願う自愛の一つのあらわれでしかない。

とすれば、自殺は「あらゆるものを捨象できる」という自由を証明しているのではなく、むしろその反対である。自分が捨象するものを放棄する者は、そのことによって、自分の捨象能力が制限されているのを告白していることになる。つまり「肉体や生命を破壊する意志は、自分自身を破壊し、そのことによって実に意志は肉体や生命がなければ無であることを証明している」のである。

しかしそれにしても、人間の意志とは何であろうか。それは人間のうちにひそむ自然の衝動とはまったく無関係な能力なのだろうか。フォイエルバッハは、そうは考えない。というのも、「いかなる衝動も存在しないところには、いかなる意志も存在せず、またいかなる幸福欲も存在しないところに、一般にいかなる衝動も存在しない」からである。あらゆる衝動は、いずれも「匿名の幸福衝動」である。人間が幸福欲とは別の「特別な形而上学的欲求」をもつと考え、それを倫理や宗教の根拠とすることほど不条理なことはない。一般に意志するとはなにかを意志することであるが、そのなにか（意志の対象、実質）とは自己の幸福である。意志はつねに幸福を意志する。意志の実質から引き離された意志といったものは、無意味なものにすぎない。「ショーペンハウアー的意志」、つまり「無を意志する意志」といったものも、実際には存在しない。繰り返すと、「いかなる幸福欲も存在しないところには、いかなる意志も存在しない」のである。

幸福主義の倫理

意志がつねに幸福欲と結びついているという見方は、倫理学上のいわゆる幸福主義の立場を代表する。晩年のフォイエルバッハは、幸福主義の立場から倫理の諸問題の解明につとめるが、そうした問題を扱ったものとして、『唯心論と唯物論』のほかに、『幸福主義』がある。後者は一八六八年前後に書かれたが、生前発表されなかった論文で、フォイエルバッハの死後、一八七四年、グリュンというひとが編集した『フォイエルバッハの往復書簡・遺稿集』ではじめて公表された。これは『唯心論と唯物論』のなかで語られている幸福主義をさらに詳しく展開したもので、フォイエルバッハの最晩年の思索が、もっぱら倫理の問題にむけられていたことを証しするものと言えるであろう。そこでこの二つの論文を手掛りにして、フォイエルバッハの倫理思想を見ることにしよう。

フォイエルバッハが倫理問題の解明に際して幸福主義の立場をとるのは、いま述べたとおりだが、しかしそれとともに、この問題の解明に「私と汝」がきわめて重要な役割を果たしていることにも注目しなければならない。すなわちかれによると、「道徳はたんなる自我や、感官を欠いたたんなる理性からではなく、ただ私と汝の結合からのみ導き出され、説明されることができる」のである。「実際、ただ自分ひとりだけとして考えられた個人の道徳は、空虚な虚構である。私のほかにいかなる汝も、いかなる他人も存在しないところでは、道徳もまたなんら話題とはならない。ただ社会的な人間だけが人間である。私はもっぱら汝によって、また汝とともに、私である。」

したがって、道徳的義務というものが存在するとすれば、それはなによりもまず、他人に対する義務である。カントは、他人に対する義務のほかに自分自身に対する義務があるとし、しかも後者が道徳の基本で、前者も後者に基づいてはじめて可能になる、と主張した。だがフォイエルバッハに言わせると、これは逆である。「自分に対する義務が道徳的な意味や価値をもつのは、それが他人に対する間接的な義務として認識される場合に限られる。つまり私が他人に対する義務――私の家族、私の村人、私の民族、私の祖国に対する義務――をもつから、私自身に対する義務をもつ、ということが承認される限りにおいてである。善であることと、道徳的であることは、同じである。だが他人にとって善である人間だけが善なのである。」人間は自分だけで善であることはできない。私は他人に対する義務を履行し、他人にとって善である限りにおいて、善と言えるのである。

倫理学でしばしば問題にされる幸・不幸と善悪の関係も、こうした視点から見直す必要がある。「たんなる自我から導き出された道徳」は、幸・不幸と善悪との間には本質的な区別があるとして、前者を感性的な此岸に、後者を超感性的な彼岸に配分する。この場合には、簡単に言って、人間の幸・不幸と善悪とは無関係である。カントは、一切の幸福衝動を排して、自律的な理性が定める道徳の命法にしたがって行為するのが善であるとした。つまりカントは、倫理学上の幸福主義を否定するのである。

これに対して、フォイエルバッハは、次のように考える。幸・不幸と善悪は、決して無関係ではない。というのも、「他人または働きかけられる者との関係で幸・不幸であるものが、私もしくは働きかける者との関係で善悪である」からである。他人にとって幸であるもの、つまり他人の幸福を望み、それを実現することが、私にとっての善である。私が意図的に他人の不幸を願うとすれば、それは私にとって悪である。倫理的善悪が私の私自身に対する関係のうちにではなく、なによりもまず私の他人に対する関係のうちに成立するということは、このことからも明らかであろう。

では、私の幸福はどうなるのであろうか。私が善であるためには、私はただ他人の幸福にのみ奉仕し、私の幸福を犠牲にすべきなのであろうか。そうだ、と答えるのが、倫理学上のいわゆる利他主義である。ショーペンハウアーの倫理学も、こうした利他主義を代表するもので、かれによると、利己主義（エゴイズム）は人間のあらゆる悪徳の源泉である。利己的な行為は、たとえ悪徳に至らない場合でも、まったく道徳的価値をもたない。行為が道徳的価値をもつのは、その行為が他人の幸福をめざす場合である。道徳の掟は、したがって、「なんぴとも侵さず、できるだけ万人を援けよ」である。ショーペンハウアーは、そこから「同情」の機能を重視した。同情が利己を抑制し

ショーペンハウアー

て他人を侵さないようになれば、そこに「公正」の徳が生じ、同情がさらに進んで積極的に他人の援助を促すようになると、そこに「人間愛(博愛)」の徳が生まれる。公正と人間愛は人間の二つの主徳であって、ほかのすべての徳はこの二徳に還元できるのである。

フォイエルバッハは、『幸福主義』のなかで、ショーペンハウアーのこの同情説をとりあげ、ショーペンハウアーを「率直さと明快さと精確さの点でほかのドイツの思弁哲学者たちに卓越した人物」と評価しているが、しかしかれの利他主義に全面的に賛同しているわけではない。フォイエルバッハによると、自分自身の幸福は、たしかに道徳の目的や目標ではないが、しかし依然として道徳の基礎であり、前提である。というのも、まず第一に、自分自身にとってなにが幸福であるかを知らなければ、他人にとってなにが幸福であるかも知ることができず、したがって他人の幸福を援けることもできないからである。私は飢えているひとに、パンのかわりに石を差し出したりはしない。それは私が飢えているときにはパンを必要とするという、私のうちにひそむ幸福衝動によって知るからである。自然の幸福衝動を否定し、それが道徳に何の関わりももたないと考えるひとは、飢えているひとに石を差し出しかねない。かれは他人が幸福のために現在なにを必要としているかを理解できないのである。

私のなかの良心

フォイエルバッハはここで、孔子の「おのれの欲せざるところをひとに施すなかれ」と、新約聖書の「なにごとでもひとびとからしてほしいと望むことは、ひとびとにもそのとおりにせよ」という掟をあげ、これこそが道徳の基本的な掟であるとする。「ひとびとがこれまでに産み出してきた多くの道徳的な原則や指令のうちで、この平明で通俗的な原則がもっともよく、もっとも真実な命題であり、同時にもっとも明白で、もっともよくひとびとを納得させる命題である。というのも、この命題は心を打つからであり、われわれ自身の幸福衝動を良心のうちへ導き入れるからである。」

ひとびとは、こうした掟が自分の幸福を基準としているから、「たんなる利己主義の道徳」であると非難するかもしれない。フォイエルバッハは、その通りだ、と答える。この掟で示されているのは、絶対的な利他主義の道徳ではなくて、依然として利己主義の道徳である。というのも、それは自然が人間のうちに植えつけた幸福衝動を肯定しているからである。しかし、まさにそうした理由で、この道徳は「健全な道徳」であり、「人間的な道徳」であり、「血と肉にわけ入る道徳」であり、「空想的・偽善的ではない道徳」である。行為に際して自分の幸福をまったく顧みないというひとがいるとすれば、そのひとは偽善者なのである。

では、「幸福衝動を良心のうちへ導き入れる」とは、どういうことであろうか。フォイエルバッハによると、良心とは「私のなかにある他我」であり、「他人の幸福の代弁者」である。私の良心は、私が他人に悪をなす（他人の幸福をそこなう）ことを防ぎ、また悪をなした場合は私を苦しめる。良心——ドイツ語のゲヴィッセンは、もともと「共に知ること（ミットヴィッセン）」であって、共にとは、私と汝が共に、ということである。幸福衝動が良心と結びつくことによって、私は私の幸福を意図すると共に汝の幸福を意図するようになる。良心とは、そうした意味で、神学者が言うような「神と人間の間の仲介者」ではなくて、「私と汝の間の、自分の幸福衝動と他人の幸福衝動との間の仲介者」なのである。

とすれば、われわれはまた、良心と結びついた幸福衝動と、それと結びついていない非良心的な幸福衝動とを区別できるであろう。前者にしたがうのが「人間的な利己主義」、「善い利己主義」であり、後者にしたがうのが「非人間的な利己主義」、「悪い利己主義」である。私はたとえ利己主義者であっても、幸福衝動を良心にしたがわせることによって、他者の幸福をも求めるようになる。フォイエルバッハによると、「道徳の原理としての幸福は、一つの人格のうちへと凝縮された幸福ではなく、さまざまな人格へと配分された幸福であり、私と汝を包括する幸福であって、それは一面的な幸福ではなくて二面的もしくは全面的な幸福」である。フォイエルバッハの幸福主義は、利己主義を基盤とするが、しかし自己のみの幸福ではなく、「私と汝を包括する幸福」を求める幸福主義なのである。

フォイエルバッハはまた、「幸福を欠いてはいかなる徳も存在しない」ということから、道徳は経済学の領域に属する、とも主張する。「身体が栄養や衣服や光や空気や空間を必要とするように、徳もまたそれらを必要とする」。人間が、たとえばイギリスの工場や労働者住宅におけるように、互いにひしめきあっているところでは、道徳の活動する余地も存在しない。「生活に必要なものが欠けているところでは、道徳的必要性も欠けている」のである。フォイエルバッハが『幸福主義』のなかで、この点に関してマルクスの『資本論』を参照せよと語っているのは、興味深い。ちなみに、『資本論』の第一巻が出版されたのは、一八六七年のことである。

人間を悪徳や犯罪から遠ざける幸福は、フォイエルバッハに言わせると、「ぜいたくな貴族的な幸福」ではなくて、「普通の庶民的な幸福」であり、「労働をした後に必要なものを享受することと結びついた幸福」である。他人の幸福を願う者は、なによりもまず、このことに留意する必要がある。飢えているひとに、「貴族的な幸福」を説いても、何になるだろうか。だからフォイエルバッハは言っている。「ひとは自分自身に対してはどんなに観念論的であっても充分ではないが、しかし他人に対してはどんなに唯物論的であっても充分ではない。……ひとは自分自身に対してはどんなにストア主義者であっても充分ではないが、他人に対してはどんなにエピクロス主義者であっても充分ではない」。フォイエルバッハの幸福主義は、こうした形で人類の福祉を願うヒューマニズムと結びつくのである。

窮乏の晩年と死

『幸福主義』の執筆に先立つ一八六七年春、フォイエルバッハは脳溢血の発作に見舞われ、視力と言語に障害が生じたが、しかしこうした麻痺《まひ》症状は二、三日で消え、家族の慎重な看護もあって、やがて常態に回復した。しかし一家の経済状態の方は、依然として改善の見込みが立たなかった。シラー財団や知人からの経済的援助を、フォイエルバッハはどれほど感謝したことであろう。『幸福主義』はこうした状況の下で書かれたのである。もしフォイエルバッハが経済的にも恵まれた幸福な晩年を送っていたら、あるいはこの論文は書かれなかったかもしれない。「他人に対してはどんなに唯物論的であっても充分ではない」というのは、フォイエルバッハ自身の体験から生まれた言葉なのである。

シラー財団からの援助は六年間続いたが、一八六八年にはとうとう打ち切られることになった。哲学者カップの甥に当たる人物が資金を集めてくれたので、一家は辛うじて生計を保つことができたが、しかし不幸は続いた。一八七〇年七月、プロシアとフランスの間に戦争が勃発したが、それと時を同じくして、二度目の発作がフォイエルバッハを襲ったのである。意識はようやく戻ったが、もはや執筆は不可能であった。フォイエルバッハは無口になり、万事に無関心となった。

フォイエルバッハが倒れる一年前に、ドイツでは、後の社会民主党の前身である社会民主労働党が結成された。フォイエルバッハがレッヘンベルクに移り住んでから知り合った友人に、ニュルンベルクのゲルマン博物館に勤めているヘクトール（Hektor, 1823—74）という詩人がいたが、このひとが党にフォイエルバッハの窮状を訴えたので、フォイエルバッハをいまなお思慕する各地の社会民主主義者たちから、続々と救援金が送られてきた。ヘクトールはフォイエルバッハを党員の籍に入れ、党費の面倒までみて、ひとびとの好意に応えたのである。フォイエルバッハの家族は、はじめはこの好意に当惑したが、しかしこの拠金が決して「慈善」ではなく、偉大な人物に対して当然支払われるべき「名誉ある負債」であると説得されて、これを受けることになった。一家の生活はふたたび安定したのである。

こうした庇護《ひご》の下に、フォイエルバッハはその最晩年を過ごした。かれがもはやなにもできない状態にあったことは、妻ベルタが旧知のひとびとに出した近況報告からうかがえる。「夫はときどき本を読み、また新聞を読みます。しかしどの程度理解しているのか、私にはわかりません。夫はまたときどき手紙の返事を書くと言って、ペンをとります。しかしそれはほとんど完全な文章をなしていません。」（一八七一年六月）「夫の容態はまあまあです。しかし精神機能がまったく麻痺していて、仕事が一切出来ませんので、夫の晩年は哀れな状態です。」（一八七二年一月）

一八七二年の秋、フォイエルバッハは家の前庭で、家族とともに、秋の陽射しを楽しんだ。しかし外気に触れすぎたせいか、風邪を引き、重い肺炎を併発した。そして九月一三日、ついに帰らぬひととなったのである。ベルタは、臨終の模様を知人に伝えている。「夫はまったく身動きをしないまま、金曜日の朝五時半まで横になっていました。突然発作的に起き上がりましたが、これが私たちにとってこよなくいとおしい生命の最後でした。夫のように安らかに息を引きとったひとはないと思います。その夜はすばらしい月と星の夜でした。窓は一晩中開けられていました。私と娘は、かわるがわるかれの手をとりながら、ベッドのかたわらに坐っていました。このいとおしい生命の終わりは、とても悲しいひとときでした。夫の顔は生前とすこしも変わらず美しく、むしろ神神しいほどでした。その相貌は、夫のもっとも内面的な、もっとも高貴な本質をそのまま写し出していました。」

九月一五日の日曜日、フォイエルバッハの柩《ひつぎ》はレッヘンベルクからニュルンベルクのヨハンニス

フォイエルバッハの記念碑（レッヘンベルク）　著者撮影

墓地へと運ばれた。身内の者と知人たちの後には、ニュルンベルクやその他の都市から参加した数多くの労働者たちが、赤旗を手にしてしたがった。フォイエルバッハの伝記を書いたボーリンによると、埋葬に集まったひとびとの数は二万人に達したとのことである。多くのひとびとがいれかわり立ちかわり葬送演説をした後に、柩は地下に収められた。ひとびとから見捨てられ、窮乏の晩年を送ってきたフォイエルバッハを知るひとには、この盛儀は思いもよらなかったことであろう。私はここに、歴史の皮肉を思わずにはいられない。ともあれ、フォイエルバッハはこうして自分がもっとも愛していた自然へと戻ったのである。

ひとびとへの影響

マルクスのフォイエルバッハ観

フォイエルバッハは、同時代のひとびとにも、後世のひとびとにも、さまざまな影響を与えたが、最後にそうした影響についてふれておきたい。まずマルクスとエンゲルスの名をあげるのが、当然と言えば当然であろう。『キリスト教の本質』の出現は、かれらを狂喜させた。フォイエルバッハの『暫定的提題』を掲載した『アネクドータ』に、マルクスは「非ベルリン人」という署名で『シュトラウスとフォイエルバッハの間の審判者としてのルター』という小品を発表したが、そのなかでマルクスははっきりフォイエルバッハの側に立ち、結びとして次のように語っている。「思弁神学者や思弁哲学者たち、私は君たちに忠告する。もし君たちがあるがままの事物に、つまり真理に至ろうと望むなら、これまでの思弁哲学の概念や先入見から君たちを解放せよ。そして君たちにとって真理と自由に至る途は、火の川（筆者注。「フォイエルバッハ」は、ドイツ語で「火〈フォイエル〉」の「川〈バッハ〉」のことである）を通らなければ、どこにもないのだ。フォイエルバッハこそは、現代の浄罪界である。」（もっとも、最近の考証では、この小品はフォイエルバッハ自身の手になるもので、マルクスが著者ではないとされている。）

エンゲルスも、後に当時を回想して語っている。老年ヘーゲル派と袂《たもと》をわかった青年ヘーゲル派は、自然を唯一の現実とする唯物論と、自然は絶対的理念の外化にすぎないとするヘーゲル体系の間に立って、矛盾に悩んでいた。「このときフォイエルバッハの『キリスト教の本質』が現れた。……自然はいかなる哲学にも依存しないで実在する。自然は、それ自身自然の所産であるわれわれ人間がその上で成長してきた基礎である。自然と人間以外にはなにものも実在しない。そしてわれわれの宗教的空想が創造したいっそう高次の存在などというものは、われわれ自身の存在の空想的な反映にすぎない。こうして呪縛《じゅばく》は解かれた。体系は粉砕されて放棄され、かの矛盾は想像のなかにのみあるものとして解消された。――この本が果たした解放的な働きがどれほど大きかったかは、それを自分で体験したひとでなければ想像がつかないにちがいない。その感激はひろく一般的であった。われわれは皆、一時はフォイエルバッハの徒であった。いかに熱狂的にマルクスがこの新しい見解を迎えいれたか、そしてかれが――さまざまな批判的留保をしているにもかかわらず――この見解によっていかに強く影響されたかは、『神聖家族』を読めばわかるであろう。」

マルクスがフォイエルバッハから学んだのは、主として、人間の類的生活からの疎外とその克服という課題であった。たとえば、『ユダヤ人問題によせて』(一八四四)には、次のような言葉がある。「あらゆる解放は、人間の世界と諸関係を、人間自身へと連れ戻すことである。……現実の個別的な人間が、抽象的な公民を自分のうちに取り戻し、個別的な人間でありつつ、その経験的な生活、その個人的な労働、その個人的な諸関係のなかで、類的存在となったとき、つまり人間がかれの〈固有の力〉を社会的な力として認識するとともに組織し直し、したがって社会的な力をもはや政治的な力という形態で自分から分離しないとき、そのときはじめて人間的な解放は実現したのである。」

また『ヘーゲル法哲学批判』(一八四四)で、マルクスは次のように言っている。「反宗教的批判の基礎は、人間が宗教をつくるのであり、宗教が人間をつくるのではない、ということにある。……しかし人間そのものは、この世界の外に坐りこんでいる抽象的な存在ではない。人間とはすなわち人間の世界であり、国家であり、社会結合である。この国家、社会結合が、倒錯した世界であるから、倒錯した世界意識である宗教を産み出すのである。……それゆえ、真理の彼岸が消え失せたのちは、さらに此岸の真理を確立することが、歴史の課題である。人間の自己疎外の聖像が仮面をはがされたのちは、さらに聖ならざる形態における自己疎外の仮面をはぐことが、なによりもまず、歴史に奉仕する哲学の課題である。こうして天国の批判は地上の批判へと転化し、宗教の批判は法の批判へ、神学の批判は政治の批判へと転化する。」

わずか二箇所からの引用であるが、しかしマルクスの歩みが最初からフォイエルバッハのそれと異なっていたことは、以上だけからも明らかであろう。フォイエルバッハがキリスト教という宗教による人間疎外の解明を中心課題としたのに対して、マルクスの眼ははじめから地上における政治や経済にむけられていた。「天国の批判」ではなくて「地上の批判」が、「神学の批判」ではなくて「政治の批判」が、つまり倒錯した社会結合に由来する人間疎外を解明し、それを克服する途を見出そうというのが、マルクスの関心事であった。

一八四四年頃パリで執筆した『経済学・哲学草稿』のなかで、マルクスは、資本主義社会における労働の疎外が「人間からの人間の疎外」を産み出す過程を克明に追跡する。そこでマルクスが到達した結論は、「私有財産の積極的止揚《しよう》としての共産主義」こそが、疎外を克服する唯一の途である、ということであった。「この共産主義は、完成した自然主義として人間主義であり、完成した人間主義として自然主義である。それは人間と自然の間の、また人間と人間との間の抗争の真実の解決であり、現実存在と本質との、対象化と自己確認との、自由と必然との、個と類との間の争いの真の解決である。」

　マルクスが、ルーゲに、フォイエルバッハは自然のみを論じて政治に眼をむけないと不満を述べていたことについては、すでにふれた。マルクスはまた、フォイエルバッハの強調する「感性」が、「実践」と結びついていないことにも不満であった。マルクスはそうした不満を、『ドイツ・イデオロギー』や『フォイエルバッハに関するテーゼ』（いずれも一八四五年頃書かれた）で表明する。「実際、実践的な唯物論者、つまり共産主義者にとって大切なのは、現存する世界を革命的に改革し、既成の事態を実践的に攻撃して変革することである。フォイエルバッハにもときおりそうした見解が見出されるが、しかしそれはまとまりを欠いた予感以上には決して進んでいない。……感性的世界についてのフォイエルバッハの見方は、一方ではそれのたんなる直観に、他方ではたんなる感覚にとどまっている。」「フォイエルバッハは、抽象的な思考に満足しないで、感性的な直観に訴える。しかしかれは、感性を実践的な人間的感性的活動として捉えていない。」マルクスとフォイエルバッハの距離は、こうしてますます開いていくのである。

エンゲルスのフォイエルバッハ論

フォイエルバッハが死んで一六年経った一八八八年、エンゲルスは、『ルートヴィッヒ＝フォイエルバッハとドイツ古典哲学の終結』という書物を著した。一般に『フォイエルバッハ論』と呼ばれるこの書物のなかで、エンゲルスは、フォイエルバッハ哲学の全体について総括的な批判を展開する。今日フォイエルバッハの評価と批判と言えば、なによりもまずこの書物が挙げられるが、それはこの書物が完成したマルクス主義の立場から書かれ、フォイエルバッハをヘーゲルからマルクスに至る途の中間にはっきり位置づけた功績によるのであろう。しかしまた、このことによって、フォイエルバッハの評価が一定の視点からのそれに限られるようになったのも、見逃すわけにはいかない。つまりフォイエルバッハは、マルクス主義に至る途を開拓した先達のひとりではあるが、マルクス主義の真正な世界観にまでは到達できなかった人物として、評価されるようになるのである。

エンゲルスはこの書物で、フォイエルバッハの意図が、「決して宗教を廃棄するのではなく、それを完成する」ことにあったとする。「フォイエルバッハの観念論は、次の点にある。すなわちかれは、性愛や友情や同情や献身といった、相互の愛着に基づく人間の諸関係を、それらがあるがままの姿ですなおに受け取ろうとしないで、宗教の名によっていっそう高い聖別が与えられるとき、はじめて十分に価値あるものとなる、と主張するのである。かれにとって主要な問題は、こうした

エンゲルス

純粋に人間的な諸関係が実在しているということではなくて、それらが新しい真の宗教として把握される、ということである。それらは、宗教の刻印を打たれてはじめて完全に価値あるものになる、とされるのである。」

このようにエンゲルスは、フォイエルバッハが「ただ観念論的な回想にとって大切な〈宗教〉という言葉を、言語から消滅させないように」腐心していると非難し、また次のように語る。「今日われわれにとって、他人との交際において純粋に人間的な感情を味わう可能性は、われわれがそのなかで生活せざるをえない社会、つまり階級対立と階級支配に基礎をおく社会によって、すでに十分すぎるほど活力を失っている。この感情を宗教にまで祭りあげて、それをわれわれ自身に対してもっと活力を失うようにしむけなければならない理由はない。」つまりエンゲルスの考えでは、「階級対立と階級支配を基礎とする」現代の資本主義社会においては、「純粋に人間的な諸関係」が疎外されており、それをただ「宗教」として「観念論」的に主張しても無駄で、階級闘争を通じて実現する将来の「階級のない社会」においてはじめて真に人間的な諸関係が実現し、真に人間的な道徳が成立するのである。

私のこのささやかな書物は、フォイエルバッハの思想の紹介が目的であるから、こうしたフォイエルバッハ批判をさらに検討し直すことは、ここでは差し控えよう。ただ一言付け加えれば、なるほどフォイエルバッハは、階級対立とか階級闘争といった、人間を階級の一員として捉えるマルクス主義の基本思想には至らなかった。フォイエルバッハが捉えた人間関係は、どこまでも個としての人間相互の関係であり、「私と汝」の関係であった。エンゲルスはそれを「抽象的な人間関係」と見るが、しかし人間を階級の一員としてしか見ない見方も、多分に抽象的ではなかろうか。そしてそうした人間の経済的社会的側面のみを強調することが、かえって逆に「純粋に人間的な諸関係」を損うことにならないであろうか。階級社会や階級道徳という考えにこだわりすぎると、かえってフォイエルバッハの真意を理解できなくなることに注意しなければならない。

なおここで、フォイエルバッハの『キリスト教の本質』が、当時のロシアの知識人たちにも大きな影響を与えたことを記しておきたい。そうしたひとびととして、ロシアのヴォルテールとされるゲルツェン（Gertsen, 1812—70）や、『哲学における人間学的原理』の著者チェルヌイシェフスキー（Chernyshevskii, 1828—89）の名を挙げることができよう。

シュティルナーの批判　マルクスやエンゲルスとはちがった角度からではあるが、フォイエルバッハを批判した同時代人に、シュティルナー（Max Stirner, 1806—56）がいる。シュティルナーは、『唯一者とその所有』（一八四五）という著書のなかで、自己こそは他のなにものにもかえがたい「唯一者」であるという自我主義を展開し、フォイエルバッハが『キリスト教の本質』で説く「類としての人間」はたんなる理想であり、たんなる思想である、と批判した。

「一個の人間であるということは、人間の理念をみたすことを意味するのではなく、自己を、唯一者を、現示することを意味する。私の課題でなければならないのは、私がいかにして普遍的に人間的なものを実現するかではなくて、いかにして私が私自身を満足させるかということなのである。」

こうしたシュティルナーの批判に対して、フォイエルバッハは、『〈唯一者とその所有〉との関係における〈キリスト教の本質〉』という反駁文を書いている。いったい『唯一者』の著者は、『キリスト教の本質』を全部読んだのだろうか。自分にとっては、まさに個体こそが「絶対的な存在」であり、「真の、現実的な存在」なのである。では、なぜ自分は、シュティルナーのように、「この絶対的な個体」と言わないのだろうか。それは一つの類のなかから唯一の個体を選び、それを絶対視するのは、ちょうどイエス＝キリストを絶対視するのと同じように、それ自身伝統的な宗教の立場に立ち戻ることを意味するからである。シュティルナーは、シュティルナー自身を「地上における唯一者」とした。その限りでシュティルナーはまだキリスト教の呪縛を脱していないのである。

フォイエルバッハはまた、こうも言っている。自分の言う「類」とは、「抽象物ではなくて、それだけで固定化された個別的な自我に対する汝を、他者を、一般に私の外に存在する人間の諸個体を意味する」、と。シュティルナーにとっては、唯一者である自我以外のものはすべて唯一者の「所有」である。つまりかれは、人間を、人間と人間との関係において、「私と汝」の関係において、捉えていない。フォイエルバッハによると、個体は個体との関係においてのみ個体であり、私は汝との関係においてのみ私である。だから「個体」であることは、「自我主義者（エゴイスト）」であると同時に、「共同主義者（コムニスト）」であることも意味するのである。「フォイエルバッハは、唯物論者でもなければ、観念論者でもなく、また同一哲学者でもない。では、フォイエルバッハとは、なにものであろうか。……かれは人間である。あるいはむしろ、かれは人間の本質をもっぱら共同体のうちに置くから、共同人間であり、コムニストである。」これがシュティルナーに対するフォイエルバッハの回答の結びである。

ケラーとジョージ＝エリオット

すでにふれたように、同時代のスイス生まれの作家ケラーは、ハイデルベルクでのフォイエルバッハの講演にも出席し、そこから大きな影響を受けた。ケラーはその頃すでに『緑のハインリッヒ』を書きはじめていたが、その終わりに近いところで、主人公ハインリッヒは、遍歴の旅ののちにたまたまディートリッヒ伯爵の館に滞在することになる。伯爵は、フォイエルバッハの思想に共鳴している自由思想家として画かれているが、しかしこの人物は実はフォイエルバッハの二重写しなのである。ハインリッヒは伯爵から「良心の絶対的自由」を学ぶが、これはそのまま、フォイエルバッハとケラーの関係に置きかえることができるであろう。

なお小説には、伯爵の娘ドルトヘンが登場する。ドルトヘンは、ごく自然に伯爵の思想を受けいれ、「死を非常に真剣に考えているが、すこしも死を恐れていない」喜びにみちた生活を送っているが、これはあるいはフォイエルバッハの影響を受けたカップの娘ヨハナをモデルとしているのかもしれない。ともかくケラーは、フォイエルバッハとの出会いによって、『緑のハインリッヒ』の構想を立て直す必要にせまられたと語っているほど、強い影響を受けたのである。

なおフォイエルバッハが影響を与えた作家として、ケラーのほかに、『サイラス＝マアナー』などの著者として名高いイギリスの女流作家ジョージ＝エリオット（George Eliot, 1819—80）を挙げることができよう。ちなみに、『キリスト教の本質』がエリオットの手によって英語に翻訳されたのは一八五四年で、これは一八六一年のロシア語訳、一八六四年のフランス語訳に先立つ海外翻訳の第一号であった。

ヴァーグナーとニーチェ

音楽の方面では、ヴァーグナー（Wagner, 1813—83）の名を挙げなければならない。波瀾万丈の青年時代を送ったヴァーグナーは、一八四三年にはザクセン王国の首都ドレスデンで宮廷指揮者の地位につき、『タンホイザー』の上演にもいちおう成功して、ドイツ歌劇の復興者としての名声もようやく高まりつつあった。だが一八四八年の三月革命が、ヴァーグナーの生涯を一変させた。宮廷指揮者でありながらヴァーグナーは革命側に味方し、宮廷や警察から要注意人物と見なされることになる。革命後の反動期に入ると、フランクフルト国民議会の定めたドイツ憲法をザクセン政府も拒否し、一八四九年四月末、政府はとつぜん両院を解散した。憤激した民衆は銃をもって立ち上がり、史上有名なドレスデン革命騒乱となった。

ヴァーグナーは、民衆側について大活躍した。バリケードをこえて政府軍の兵士たちに反戦ビラを配り、闘いがはじまると市内で一番高い教会の塔にのぼり、戦況を塔下の伝令に伝えるといった大役を演じた。しかし政府軍は、応援にかけつけたプロシア軍とともに、革命側の国民軍を撃破した。騒乱が収まると、警察はヴァーグナーの肖像画つきの逮捕状を出し、これをドレスデン新聞に掲げたので、ヴァーグナーはもはやドイツにとどまることができなくなった。ヴァーグナーはとりあえずスイスのチューリッヒに逃れたが、この年から一三年にわたるドイツ国外での亡命生活がはじまるのである。

すでにドレスデン時代に、ヴァーグナーはあるひとからフォイエルバッハ哲学のあらましをきいていた。だがチューリッヒに来て、フォイエルバッハの『死と不死』を読んだことから、ヴァーグナーはすっかりフォイエルバッハの心酔者になった。『芸術と革命』に続いて書き上げた『将来の芸術作品』(いずれも一八四九) を、ヴァーグナーは、献呈の辞とともにフォイエルバッハに捧げたのである。「尊敬すべきあなた以外に、この仕事を捧げるひとはありません。と言いますのも、私はこの仕事であなたの財産をふたたびあなたにお返ししたからです。」

ヴァーグナーはこの論文で、舞踏芸術、音楽芸術、詩芸術が「純人間的な三芸術様式」であるとし、この三様式が結合した総合芸術作品こそが最高の作品であるとするが、こうした考えの根柢に据えられたのがフォイエルバッハの「現実的にして感性的な人間」である。人間の生活が自然の忠実な写しであるように、芸術もまた、「現実的な人間の忠実な写し」でなければならない。そうした意味で、現実的感性的人間は、真正な芸術の基礎である。『将来の芸術作品』という表題も、フォイエルバッハの『将来の哲学』にちなんだものと見てよいであろう。もっともヴァーグナーは、一八五四年にショーペンハウアーの『意志と表象としての世界』を読み、こんどはこの哲学者に心酔して、フォイエルバッハを離れていくのである。

ヴァーグナーの若き友人ニーチェ（Nietzsche, 1844—1900）も、二〇代のはじめに『意志と表象としての世界』を読み、それに感激したひとりであった。しかしやがてニーチェは、ショーペンハウアーの哲学を否定し、ヴァーグナーの許からも離れていく。ニーチェが一八八八年に書いた『ニーチェ対ヴァーグナー』は、ヴァーグナー攻撃の文書であるが、そのなかでニーチェはヴァーグナーの楽劇『パルジファル』にふれ、次のように語っている。「……かつてヴァーグナーが、いかに感激して哲学者フォイエルバッハの足跡を追ったかを、思い出してほしい。『健全な感性』というフォイエルバッハの言葉——これは一八三〇年代と四〇年代には、多くのドイツ人——かれらは自分たちを若きドイツ人と呼んだが——にとってと同じように、ヴァーグナーにとっても、救済の言葉のように響いたのである。だがかれは、このことをついに学び直したろうか。……生に対する憎悪が、フローベルの場合と同様に、かれに君臨するようになっ

ニーチェ

たのではないか。……なぜなら、『パルジファル』は、生の諸前提に対する悪意、復讐欲、ひそかな毒害の作品であり、邪悪な作品だからだ。」

ニーチェの友人たちの証言によると、ニーチェは一八七〇年代の終わりから八〇年代にかけて、しばしばフォイエルバッハの思想に言及し、ヴァーグナーが「ショーペンハウアー大家」になってフォイエルバッハを見捨てたことを、非難したとのことである。では、ニーチェはヴァーグナーとは逆に、ショーペンハウアーからフォイエルバッハへという途を歩んだのだろうか。だがある学者の指摘によると、ニーチェが一八歳の時に書いた『キリスト教について』は、ほとんどフォイエルバッハの引き写しと言えるそうである。つまりニーチェは、著作のうちでフォイエルバッハに言及することはほとんどなかったが、実は若い頃からかれの思想になじんでいたとも考えられるのである。

そう言われてニーチェを読んでみると、フォイエルバッハの発言にきわめて似かよった言葉に出会うことがある。たとえば『アンチクリスト』の次の言葉はどうであろうか。「ひとが生の重心を生のうちにではなく、〈彼岸〉のうちに――無のうちに――置き移すなら、ひとはそうじて生から重心を奪ってしまうことになる。人格の不死という最大の虚言は、本能のうちにあるあらゆる理性やあらゆる自然を破壊する。――本能のうちにあって益となり、生を促進し、未来を保証するすべてのものが、こんどは不信を引き起こす。生きることがもはやいかなる意味ももたないように生きること、このことがいまや生の〈意味〉となるのである。」これはフォイエルバッハが『死と不死』

で語っていたことと、そっくりではないか。

とはいえ、断片的な言葉だけを取りあげて、ニーチェがフォイエルバッハから大きな影響を受けたとか、神を否定する点で両者は共通しているとか、生の肯定において両者はともに「生の哲学者」であるとか、簡単な割り切り方をすることは慎まなければならない。げんに先の引用に続いて、ニーチェはキリスト教が「万人の平等」という教えの害悪を流し、あらゆる生成の前提である「人間と人間との間の畏敬・距離の感情」を、つまり「距離のパトス」を、駄目にしてしまったと語るが、これはフォイエルバッハがイエスの愛に人間の真実の愛を見出すのとは、まったく別の途なのである。ともあれ、ニーチェに対するフォイエルバッハの影響を誇大視することは許されないが、しかし眼には見えないにしても、両者の間に一筋の糸がつながっていることは、確かなようである。

キルケゴールとカール＝バルト

ニーチェと言えば、同じ実存哲学の祖ということで、キルケゴール(Kierkegaard, 1813―55)の名が浮ぶであろう。キルケゴールもまた、フォイエルバッハの『キリスト教の本質』を読んでいた。『哲学的断片への非学問的あとがき』の結びで、キルケゴールは、「ある嘲笑者がキリスト教を攻撃し、同時にキリスト教をきわめて巧みに語るので、それを読むのは楽しみであり、キリスト教を正確に表現することに困惑している人間は、ほとんどそれを頼りにしなければならないほどである」と語っているが、この「ある嘲笑者」とは、フォイエルバッハのことなのである。

キルケゴールはこの引用の前後で、人間は主体的な決断によってのみ真のキリスト教徒になる、と主張する。客観的な方途によって、つまりキリスト教とはなにかを理論的に知ってキリスト教徒になろうとしても、それは無駄である。これは本末転倒であって、ひとはそれによってキリスト教徒になるかわりに学者になるだけである。そういうひとは、なま半可な神学書を読むよりも、フォイエルバッハの書物を読んだ方がよい。と言うことは、前者よりも後者の方が「学問的」にすぐれている、ということである。ここに当時の神学に対するキルケゴールの皮肉たっぷりな批判が見られるであろう。

キルケゴールの流れをくむ弁証法神学者カール＝バルト（Karl Barth, 1886―1968）は、一九二七年、機関誌「時の間」に、『ルートヴィッヒ＝フォイエルバッハ』という小論を発表した。バルトはこの論文で、フォイエルバッハの歴史的意義を高く評価する。というのも、バルトによると、近代の哲学者のなかでフォイエルバッハほど熱心に神学の問題と取り組んだ者はいないからであり、またかれほど当時の神学的状況に積極的に関心を払った者はいないからである。フォイエルバッハが自分の使命としたのは、「すべての神学に対する反定立というただひとつのこと」であった。しかしそれだけに「この反神学者フォイエルバッハの態度は、多くの神学者よりもいっそう神学的であった」のである。

フォイエルバッハは、神学を人間学に解消しようとした。だがバルトによると、この試みを神学のたんなる否定と受け取ってはならない。「神学を人間学にまで低めることによって、むしろ人間学を神学にまで高める」と語っているように、フォイエルバッハはある意味で神学を肯定するのである。『キリスト教の本質』の第一部では、神の述語と人間の述語の同一性が強調されるが、これこそフォイエルバッハの神学であって、第二部での従来の神学に対する否定は、第一部での肯定に基礎を置く批判である。フォイエルバッハはまた、「神の本質は人間の本質以外のものではない」と語るが、この「以外のものではない」という表現を神の軽視ととるならば、これも誤解である。フォイエルバッハはこう語ることによって、神に対してむしろ最高の敬意を示し、神に対する頌歌《しょうか》を捧げているのである。

多少逆説的とも言えるこうしたフォイエルバッハ解釈を通じて、バルトが狙っているのは、シュライエルマッハーにはじまる人間中心的な近代神学に対する攻撃である。近代神学は信仰や啓示を解明するために人間を中心に据えたが、これは結局、人間の神化にほかならないのではないか。そうした神学者たちは、はたしてフォイエルバッハを非難する資格をもつだろうか。かれらの考えを徹底すれば、フォイエルバッハに行きつくほかないのではないか。実にフォイエルバッハこそは、「近代神学という肉にささった棘《とげ》」なのである。

しかもフォイエルバッハは、近代神学者たちとちがって、反唯心論的な立場を貫いた。人間の心や良心や内面性だけを問題とする神学者たちを超えて、フォイエルバッハは、現世に存在する感性的人間との関係において神を求めたのである。いったい教会や神学者たちは、教会から離反したひとびとを、教会に連れ戻すだけの努力を払ったろうか。フォイエルバッハがもてはやされればされるほど、近代神学は自らの無力さを恥じなければならないのである。

しかしもちろん、バルトは、フォイエルバッハの人間神学をも批判する。バルトは言う。「実際のところ、もしひとが、われわれ人間は頭の先から爪先まで悪であることを知り、われわれは死ななければならないことを熟慮するならば、神の本質は人間の本質だなどということは、あらゆる幻想のなかでもっとも幻想的な幻想だということを認識したであろうし、神をわれわれのような者と取り違えるなどということは、いかなる場合にもなかったであろう。」つまりフォイエルバッハは、人間が悪にまみれた罪深い存在であり、絶対の他者である神によってのみ救われるという考えに、思い至らなかったのである。

バルトによると、フォイエルバッハが捉えた「人間の本質」はあまりにも理想的であり、人間の本来の現実からはあまりにも遠いものであった。フォイエルバッハに対するシュティルナーの批判は、その点で正しい。だがシュティルナーの「唯一者」もまた、「死を知らぬ者」であり、「悪を誤認する者」である。人間にとって必要なのは、「唯一者」になることではなくて、キルケゴールの言う意味での「単独者」になることである。「単独者として思考するとき、私はおそらく悪と死に対する陽気な健忘を脱し、神と私とを同一視することをやめる途上にあろう。……〈人間のうちなる神について〉という議論が根絶やしにされない限り、われわれはフォイエルバッハを批判するいかなる理由ももたない。われわれはフォイエルバッハとともに、〈かれの時代の忠実な子〉なのである。」

ブーバーの「私と汝」　これまで見てきたように、フォイエルバッハは、マルクスやエンゲルスによれば、ヘーゲルからマルクス主義への橋渡しをした先駆者であり、ヴァーグナーによれば、将来の芸術のための指導的理念を提供した哲学者であり、バルトによれば、近代神学の核心を暴露した神学者である。フォイエルバッハがこれほど多くの顔をもつことは、たとえかれが哲学史の上で二流の哲学者として位置づけられるにせよ、きわめて豊かな問題意識の所有者であったことを物語るのである。だがフォイエルバッハの功績として、見逃すことのできない重要な問題提起が、いま一つある。それはかれが哲学のうちに、「私と汝」という新しい原理を導入したことである。

神学者のハイム（Heim, 1874―1958）は、フォイエルバッハによる「汝の発見」を現代の思考における「コペルニクス的行為」とよび、それは近世初期のデカルトによる「自我の発見」に匹敵する行為である、と考える。すなわちハイムによると、フォイエルバッハによる「汝の発見」は、デカルトから出発した近世哲学を超え出て、「ヨーロッパ思想の第二の出発点へと導くに違いない」「根源的な出来事」だったのである。

たしかにわれわれは、フォイエルバッハを評価する際に、「私と汝」の問題を見すごすことはできないであろう。これまでたどってきたように、私と汝の分離と統一という問題は、すでにフォイエルバッハ初期のドクター論文にあらわれ、中期の代表作である『キリスト教の本質』や『根本命題』などで重要な役割を果たし、さらに晩年の『唯心論と唯物論』でも、倫理を扱う際の基本的視点とされているのである。「私と汝」は、フォイエルバッハが終世問題にし続けたテーマであると言ってよい。そしてたしかに、このテーマは、二〇世紀に入って、フォイエルバッハの影響の有無は別として、多くの哲学者たちによって取り上げられることになるのである。

ブーバー

その直接のきっかけをつくったのは、ブーバー（Buber, 1878—1965）の『私と汝』（一九二三）であろう。ブーバーはこの本のなかで、私に対する他者が二人称的な「汝」であるか、三人称的な「それ（かれ、かの女）」であるかのちがいによって、二つの異なった世界が現出するとした。すなわちブーバーによると、「私—それ」という根元語が形成する世界は「経験の世界」であり、そこでは「私」は「個我」としてふるまい、「それ（かれ、かの女）」をたんなる経験対象として利用するが、「私—汝」という根元語によって開かれる世界は「関係の世界」であって、この世界のなかで「私」と「汝」は互いに取り替えのきかない独自な存在としてあい対しつつ、しかも経験の世界には生じない緊密な「対話」関係のうちへと歩み入るのである。

のちにブーバーは、『対話的原理の歴史』という論文のなかで、ブーバーに先立って「私と汝」を問題にした哲学者や神学者の名を挙げている。それはヤコービ（Jacobi, 1743—1819）にはじまって、フォイエルバッハ、キルケゴール、コーヘン(Cohen, 1842—1918)、ローゼンツヴァイク(Rosenzweig, 1886—1929)、エブナー(Ebner, 1882—1931)といったひとびとであり、またブーバーの『私と汝』が書かれた後にこの問題を取りあげたひとびととしては、ゴーガルテン(Gogarten, 1887—1967)、ハイム、ブルンナー(Brunner, 1889—1966)、マルセル(Marcel, 1889—1973)、リット(Litt, 1880—1962)、レーヴィット(Löwith, 1897—1973)、グリーゼバッハ(Griesebach, 1880—1945)、ヤスパース(Jaspers, 1883—1969)、バルトなどの名が挙げられている。これらのひとびとは、視点の違いはあるにせよ、それぞれの立場から「私と汝」の問題に取り組んだひとびとであるが、その多くが神学者であり、また神学者でなくても宗教に深い関心をもったひとびとであることに、注目する必要があろう。

ブーバーもまた、ユダヤ教思想の持主である。ブーバーによると、「私と汝」のすべての関係は、その延長線上において、「永遠の汝」と交わる。永遠の汝とは、ユダヤ教の神なのである。ブーバーが、学生時代にすでにフォイエルバッハの書物に親しんでいたが、しかしそこには「肯定と否定」とがあったと語っているのも、もっともなことであろう。ブーバーによると、フォイエルバッハが「私と汝」の原理を発見したのは、たしかに偉大なことであった。しかしフォイエルバッハは「私と汝の統一が神である」という命題に到達したのに、それ以上に進むことをしないで、「ある粗悪な神秘主義がもつ不明確さのうちへと踏み入ってしまった」のである。宗教的な立場からすれば、この批判は当然であろう。しかしフォイエルバッハが生きていたら、ブーバーの言う「永遠の汝」もまた人間の本質の外化にすぎないと反論するにちがいない。

バルトは、『教会教義学』の第三巻『創造論』の第二部（一九四八）で、「人間性」をひとまず「人間と人間との共同存在」と規定したのちに、人間の出会いの構造をこまかに分析する。出会いは互いに眼で見あう出会いにはじまり、互いに語り聞く出会いへ、そこからさらに互いに援けあう出会いへと進んでいくが、どの場面でもその基底にあるのは、「汝が存在しつつ私が存在する」という、「私と汝」の関係である。出会いは、私が喜んで、つまり外的必然性からではなく、自由に汝に参与するときに、完成する。それがバルトによると人間性の奥義であって、「人間性とはまさにこの人間の自由に基礎をもち、この自由のうちで必然な、人間と人間との共互存在の実現」なのである。

バルトはここで、「異教徒の孔子」や、「無神論者のフォイエルバッハ」や、「ユダヤ人のブーバー」も、この人間性の奥義に近づいたとする。だがバルトによると、これらのひとびとは、真の意味での「人間と人間の間の心の自由」にまでは到達しなかった。だからかれらはキリスト教の真髄を理解できなかったのである。ブーバーは先に挙げた『対話的原理の歴史』のなかで、バルトのこの見解に反論するが、これはしかし、もはや宗教上の論争であろう。ちなみに、信仰上の争いは、フォイエルバッハがもっとも忌《い》み嫌ったものの一つであった。

レーヴィットの「私と汝」

さきにブーバーが挙げたひとびとのなかに、宗教色のまったくない哲学者のひとりとして、レーヴィットがいる。レーヴィットは、高名な実存哲学者ハイデガー

(Heidegger, 1889—1976) に学び、ナチスに追われて来日し、東北大学で教鞭をとったこともある哲学者（戦後はハイデルベルク大学教授）であるが、かれの初期の著作に、『共同人間の役割のなかの個人』(一九二八、邦訳書名は『人間存在の倫理』) というのがある。「共同人間」とはドイツ語のミットメンシュで、これはもともと「隣人」とか「同胞」を意味するが、レーヴィットはこの書物で、ハイデガーにならって人間の共同存在を取り上げ、その人間学的基礎づけを試みる。その手引きとして用いられるのが、フォイエルバッハの「私と汝」の原理なのである。

こののちレーヴィットは、青年ヘーゲル派やマルクス、キルケゴール、ニーチェを中心とする一九世紀ドイツ精神史の研究に取り組み、主著『ヘーゲルからニーチェへ』(一九四一) を著した。レーヴィットはまた、今世紀のはじめにボーリンとヨードルが編集したフォイエルバッハ全集（全一〇巻）を、一九六〇年以降写真版で再版し、それにドクター論文のラテン語原文や『死と不死』の初版原文を追加するなど、フォイエルバッハ研究のために資料を提供する努力を払ったひとである。晩年のレーヴィットは、歴史よりも自然を重視するようになるが、しかしその思想形成の上でフォイエルバッハが大きな影響を与えていることは否定できないであろう。

レーヴィットの関心は、主として市民社会における人間のあり方にあったから、フォイエルバッハの「私と汝」も、そうした視点から採用されることになる。つまりレーヴィットは、先の書物で人間関係を「私と汝」の関係として捉えるが、しかしそれは市民社会内部での諸個人の「役割」の関係にほかならないのである。私はたとえば、夫としては妻の夫であり、教師としては学生の教師であり、著者としては読者の著者である。レーヴィットによれば、「個人はそもそも根拠からしてその者自身においてそれに対応する個人によって規定されている」のであり、形式的には「汝の私」として、「可能な二人称に対する一人称の個人」として、規定されているのである。

こうしてレーヴィットは、フォイエルバッハの「私と汝」の関係を、市民社会内部の具体的な役割関係として把握し直そうとする。またこうした視点からすれば、特定の宗教共同体のうちに成立する「私と汝」の関係も一つの役割関係（司祭や牧師と信者、信者と信者といった）であり、階級社会のうちの「私と汝」も一つの役割関係（資本家と労働者、同志としての労働者と労働者といった）にすぎないことになろう。個人はそうしたすべてを含めてさまざまな役割の網目に位置し、それぞれの役割に応じて自らの行動を定める役割人格である。レーヴィットはこの役割人格を「ペルソナ」と呼ぶが、ペルソナとはもともと演劇に用いる「仮面」のことであり、そこから「配役」や「役割」を、さらにはそうした役割を演ずる「個人」や「人格」を意味することになる。市民社会は、いわばさまざまな役割を身につけた個人が登場する舞台なのである。

人間を役割関係として捉える見方は、今日では社会学の役割理論において定着した見方である。ここでは個人は他人の役割期待にそって行動する者と考えられるから、そうした役割期待を明らかにすれば個人の行動を予測することも可能であり、またその社会の構造を理解することもできる。社会学は人間の行動を科学的に説明するために、好んで役割理論を採用するのである。だが人間は、はたしていつも他人の役割期待によって動かされている他律的存在なのであろうか。たとえ社会を離れて人間は存在できないとしても、人間はなお自立的で自律的な個人として、他の人間に対処することができるし、また対処すべきなのではなかろうか。社会学の内部でも、すでにこうした反省は生じているのである。

　フォイエルバッハの「私と汝」に戻ると、かれがそこでこうした他律的な人間関係を考えていたのでないことは、たしかであろう。もちろんフォイエルバッハは、「私と汝」ということで、どこまでも社会内部の人間関係を問題にしたのであって、そこには人間を超えた「永遠の汝」としての神は登場しない。「人間と人間との統一が神である」と言っても、それは「人間は人間にとって神である」ということで、フォイエルバッハが求めていたのは、自立的な個人と個人との真実な人間関係であり、そうした真実な人間関係に基づく人間の真実な社会であった。われわれがそうした社会の実現を望むのなら、いったんフォイエルバッハに立ち返り、そこで語られていることを、一切の予断を排して、謙虚に学び直す必要があろう。そのときにのみ、フォイエルバッハは、現代にもなお生きている哲学者として、われわれに貴重な指針を与えてくれるのである。

あとがき

序文でふれたように、フォイエルバッハをひとりの個性的な思索家として画き出し、しかもその思想のうちに現代の哲学することへの指針を見出そうというのが、本書の目的であった。この目的をどこまで達成できたかは、読者の御判断に委ねるしかない。私は以前にこのシリーズで『ヤスパース』を担当したが、その際読者に、ある哲学者の思想を本当に理解するためには解説書をいくら読んでも駄目で、直接その哲学者の著作に接し、一冊でもよいから熟読玩味《がんみ》すべきだと訴えた。このことはもちろん、フォイエルバッハについても言える。幸い日本には、船山信一氏やその他の方の努力によって、書簡集の一部を除くすべての翻訳が揃っている。フォイエルバッハに興味を覚えた読者には、「参考文献」を手引きにして翻訳を読み、ドイツ語を覚えたら原典に直接当たるようおすすめする。エンゲルスの『フォイエルバッハ論』だけを読んで、フォイエルバッハがわかったと思うのも、間違いである。

なお本書に写真を収める際、法政大学の竹内昭氏、旭川医科大学の岡田雅勝氏の御二方からも写真を提供していただいた。とくに岡田氏の写真は、私より一年前にミュンヘンに着き、私といれかわりに帰国された氏が、お忙しいなかを本書のためにわざわざ取材して下さったものである。両氏の御厚意に対して、この場をかりて厚く御礼申しのべたい。なお西ドイツのロヴォルト社出版のロ・ロ・ローモノグラフィ『ルートヴィッヒ＝フォイエルバッハ』所収の写真も、ロヴォルト社ならびにニュルンベルク市立図書館の許可をえて、かなり利用した。あわせて感謝の意を表明する。

最後に清水書院編集部の徳永隆氏には、校正さくいんの作成など、ひとかたならぬ御世話になった。この書が成立したことについて、ここで同氏に心から御礼申し上げたい。

フォイエルバッハ年譜

（著作のうち、単行著書は『 』で、雑誌等に発表した論文は「 」で示した）

西暦	年齢	年譜	背景をなす社会的事件及び参考事項
一八〇四		7・28、フォイエルバッハ、ランツフート（現在西ドイツ）に生まれる。	ナポレオン、皇帝となる。 カント死ぬ（一七二四〜）。
〇五	1		トラファルガル沖の海戦。 プレスブルクの平和条約成立。
〇六	2		ライン連邦の結成。 神聖ローマ帝国の滅亡。
〇七	3		ティルジットの講和条約成立。 ヘーゲル『精神現象学』。 フィヒテ、ベルリンで「ドイツ国民に告ぐ」の連続講演（〜〇八）を行う。
〇八	4		ゲーテ『ファウスト』第一部刊行。
一〇	6		ベルリン大学創設。
一二	8		ナポレオン、ロシア遠征に失敗。 ヘーゲル『論理学』（〜一六）。
一三	9		ライプチッヒの「諸国民の戦い」。

一八一四	10	フォイエルバッハ一家、バンベルクに移る。	キルケゴール生まれる。ナポレオン退位。ウィーン会議（～一五）。フィヒテ死ぬ（一七六二～）。
一五	11		ドイツ連邦の結成。ワーテルローの戦い。
一六	12		ヘーゲル、ハイデルベルク大学教授となる。
一七	13	父と一緒にアンスバッハに住み、同地の高等学校に入学。母と妹とは別居。	ワルトブルク祭、全ドイツ学生組合結成。ヘーゲル『エンチクロペディ』。
一八	14		ヘーゲル、ベルリン大学に移る。マルクス生まれる（～八三）。ショーペンハウアー『意志と表象としての世界』。
一九	15		コッツェブー事件。メッテルニヒによる自由主義弾圧強化。
二〇	16		エンゲルス生まれる（～九四）。
二一	17		ナポレオン死ぬ（一七六九～）。ヘーゲル『法の哲学』。シュライエルマッハー『キリスト教信仰』

一八二二	18	両親の別居解消し、一家団欒の日を取り戻す。高等学校卒業。	（〜三二）。
二三	19	ハイデルベルク大学神学部に入学。神学者ダウプを通じてヘーゲル哲学を知る。	
二四	20	ベルリンで警察の取り調べを受ける。ベルリン大学神学部に転学。まる二年間ヘーゲルの講義をきく。	
二五	21	ベルリン大学哲学部に転部。	
二六	22	エルランゲン大学に転学。	ヘーゲル、「学的批判協会」を設立、機関誌「学的批判年報」を翌年発行（〜四七）。
二七	23		ベートーヴェン死ぬ（一七七〇〜）。シェリング、ミュンヘン大学教授となる。
二八	24	「理性の無限性・唯一性・普遍性について」というドクター論文で学位を得る。この論文に手を加え処女作『一にして普遍にして無限な理性について』を出版、ヘーゲルにも送る。	露土戦争（〜二九）。
二九	25	エルランゲン大学私講師となる。	
三〇	26	『死と不死にかんする思想——ある思索家の草稿から』を匿名で出版。	フランス七月革命。

一八三一	27	この頃、パリへの移住を計画したが、実現せず。	ヘーゲル死ぬ（一七七〇〜）。
三二	28	エルランゲン大学での講義を停止（〜三五）。	ゲーテ死ぬ（一七四九〜）。
三三	29	ブルックベルクではじめてベルタ＝レーヴを知る。 『ベーコンからスピノザに至る近世哲学史』。	父親アンゼルム＝フォイエルバッハ死ぬ（一七七五〜）。
三四	30	『アベラールとエロイーズ、または著作家と人間』。 この年から三八年にかけて、六篇の書評を「学的批判年報」に発表。	シュライエルマッハー死ぬ（一七六八〜）。
三五	31	エルランゲン大学で最後の講義をする（〜三六）。	シュトラウス『イエスの生涯』。
三七	33	ベルタ＝レーヴと結婚。以後ブルックベルクに住む。 『ライプニッツ哲学の叙述・発展・批判』。	
三八	34	『ピエール＝ベール、哲学と人類の歴史への一寄与』。 この年から四一年にかけて、九篇の書評・論文を「ハレ年報」に発表。	「ハレ年報」発刊（〜四一）。 レオ『ヘーゲル党』。 チャーティスト運動（〜四八）。
三九	35	「経験論批判のために」（ドルグート批判）。 「ヘーゲル哲学批判のために」。 「哲学とキリスト教について――ヘーゲル哲学に加えられた非キリスト教性という非難に関連して」。	

一八四〇	36	「奇跡について」。	シェリング、ベルリン大学教授となる。
四一	37	『キリスト教の本質』第一版刊行。 この年から翌年にかけて、四篇の書評を「ドイツ年報」に発表。	「ドイツ年報」発刊(〜四三)。 マルクス、「ライン新聞」主筆となる。
四二	38	「哲学改革の必要性」(生前未発表)。 ヨハナとの事件(〜四六)。	
四三	39	『キリスト教の本質』改訂第二版刊行。 『将来の哲学のための根本命題』。 「哲学改革のための暫定的提題」。	キルケゴール『あれかこれか』。 パウルス、シェリングの講義内容を『ついに顕わとなった啓示の積極神学』と題して出版。 マルクス、「ライン新聞」を去る。
四四	40	『ルターの意味での信仰の本質』。	パリで「独仏年報」発行。 ニーチェ生まれる(〜一九〇〇)。 ショーペンハウアー『意志と表象としての世界』第二版刊行。
四五	41	「〈唯一者とその所有〉との関係における〈キリスト教の本質〉」。	シュティルナー『唯一者とその所有』 マルクス・エンゲルス、『ドイツ・イデオロギー』共同執筆開始。
四六	42	フォイエルバッハ自身の手になる全集刊行開始。	

		『全集第一巻・キリスト教の本質のための解明と補足』。『全集第二巻・哲学的な批判と根本命題』（未発表の『身体と霊魂、肉体と精神の二元論に抗して』を含む）。「宗教の本質」。	
一八四七	43	『全集第三巻・死と不死に関する思想』。『全集第四巻・ベーコンからスピノザに至る近世哲学史』。	
四八	44	夏、フランクフルトでの「民主主義者会議」に出席。12月から翌年2月にかけ、ハイデルベルクで「宗教の本質」について連続講演。『全集第五巻・ライプニッツ哲学の叙述・発展・批判』。『全集第六巻・ピエール＝ベール』。	マルクス・エンゲルス『共産党宣言』。パリに二月革命、ドイツ各地に三月革命起こる。いずれも成果なく、ふたたび反動時代にもどる。
四九	45	『全集第七巻・キリスト教の本質、改訂第三版』。	
五〇	46	「自然科学と革命――モレショットの『食料論』の批判」。	ヴァーグナー『将来の芸術作品』。モレショット『食料論』。
五一	47	『全集第八巻・宗教の本質にかんする講演』。	

一八五二	48	父親の『伝記的遺稿』をまとめて出版。	ナポレオン三世、皇帝となる。
五三	49	この頃、アメリカに渡ることを考える。	クリミア戦争。
五四	50	ブルックベルクの製陶工場、経営危機に陥る。	英訳『キリスト教の本質』（訳者ジョージ＝エリオット）。 シェリング死ぬ（一七七五〜）。 ケラー『緑のハインリッヒ』（〜五五）。
五五	51		キルケゴール死ぬ。
五六	52		ハイネ死ぬ（一七九七〜）。
五七	53	『全集第九巻・神統記――古典的、ヘブライ的、キリスト教的古代の史料による』。	
五八	54	ハンブルクの週報「世紀」に書評など二篇寄稿。	
五九	55	製陶工場倒産。	ダーウィン『種の起原』。 J・S・ミル『自由論』。 フッサール生まれる（〜一九三八）。
六〇	56	二〇年以上住んだブルックベルクを離れ、ニュルンベルク郊外のレッヘンベルクに移住。	ショーペンハウアー死ぬ（一七八八〜）。 ロシア語訳『キリスト教の本質』。
六一	57		アメリカで南北戦争起こる（〜六五）。
六二	58	シラー財団から経済的援助を受ける（〜六八）。 「犠牲の秘密――人間はかれが食べるところのも	ビスマルク、プロイセン首相となる（〜九〇）。

一八六三	59	のである」(未発表、のち全集第一〇巻に収録)。	スペンサー『第一原理』。 J・S・ミル『功利主義』。 チェルヌイシェフスキー『何をなすべきか』。 リンカーン、奴隷解放宣言。
六四	60	ベルリンへ旅行。	仏訳『キリスト教の本質』。 トルストイ『戦争と平和』(〜六九)。 第一インターナショナル結成。 マックス＝ウェーバー生まれる(〜一九二〇)。
六六	62	『全集第一〇巻・人間学の立場からの神、自由および不死』(『唯心論と唯物論——とくに意志の自由に関連して』などを含む)。	プロイセン・オーストリア戦争。
六七	63	軽度の脳溢血を患う。 この年から六九年にかけて、「幸福主義」を書く(生前未発表)。	北ドイツ連邦成立。 マルクス『資本論』第一巻。
六八	64		ドストエフスキー『白痴』。
六九	65		ドイツ社会民主労働党(後の社会民主党)結成。
七〇	66	二回目の脳溢血発作。	プロイセン・フランス戦争(〜七一)。 レーニン生まれる(〜一九二四)。

一八七一	67		ドイツの統一を達成し、ウィルヘルム一世、ドイツ皇帝となる。 コーヘン『カントの経験理論』。
七二	68	9・13、フォイエルバッハ死ぬ。ニュルンベルクのヨハンニス墓地に埋葬。	エンゲルス『弁証法と自然』。 ニーチェ『悲劇の誕生』。 ラッセル生まれる（～一九七〇）。

参考文献

●フォイエルバッハの著作の翻訳

『フォイエルバッハ全集』全一八巻　船山信一訳　福村出版　昭48～51

第一巻『初期哲学論集』(『理性にかんして──それの単一性・一般性・無制限性〔ドクター論文〕・『哲学とキリスト教とにかんして』・『ヘーゲル哲学の批判のために』などを含む)

第二巻『中期哲学論集』(『哲学の改革の必要』・『哲学の改革のための予備的提言』・『将来の哲学の根本命題』・『身体と霊魂、肉体と精神の二元論に抗して』・『私の哲学的発展行程を特色づけるための諸断片』などを含む)

第三巻『後期哲学論集』(『自然科学と革命』・『犠牲の秘密、または人間は彼が食べるところのものである』・『唯心論と唯物論とにかんして』・『遺された諸箴言』を含む)

第四巻『哲学評論集』(ドルグート『観念論の批判』などの書評を含む)

第五巻『近世哲学史　上』

第六巻『近世哲学史　下』

第七巻『ライプニッツの哲学』

第八巻『ピエール＝ベール』

第九巻『キリスト教の本質　上』

第一〇巻『キリスト教の本質　下』(本文のほかに、『〈唯一者とそれの所有〉に対する関係における

〈キリスト教の本質〉』などを含む)
第一一巻『宗教の本質 上』(『宗教の本質』や『宗教の本質にかんする講演』の第九講までを含む)
第一二巻『宗教の本質 下』(『宗教の本質にかんする講演』の第一〇講から最後までを含む)
第一三巻『神統記 上』
第一四巻『神統記 下』
第一五巻『宗教小論集』(『奇跡にかんして』・『ルターの意味での信仰の本質』などを含む)
第一六巻『死と不死』(『死の思想(一八三〇)』・『人間学の立場からの不死問題(一八四六)』などを含む)
第一七巻『幸福論』(『著作家と人間(一八三四)』・『幸福主義(一八六七〜六九)』などを含む)
第一八巻『書簡集』(一〇三篇の書簡と『父と兄弟たちおよび自分の小伝』を含む)

『フォイエルバッハ選集』全三巻 篠田一人・中桐大有・田中英三編 ―― 法律文化社 昭43〜45
『人間論集』(『幸福主義』・『人間学の立場からみた不死の問題』・『私の哲学的発展行程の特色づけのための断片』・『遺稿短文集』を含む)
『宗教論集』(『キリスト教の本質第二版序文』・『〈唯一者とその所有〉にたいする関係からみたキリスト教の本質』・『ルターの意味での信仰の本質』・『宗教の本質』などを含む)
『哲学論集』(『統一的・普遍的・無限的理性について』(ドクター論文)・『ヘーゲル哲学批判のために』・『哲学改革の必要性』・『哲学改革のための予備的提言』・『将来の哲学の諸原則』・『身体と霊魂、肉体と精神の二元論にたいする反論』などを含む)

『近世哲学史』上・下 真下信一訳(河出文庫) ―― 河出書房 昭30
『作家と人間』 桝田啓三郎訳 ―― 勁草書房 昭46

『キリスト教の本質』　中桐大有訳 —— 全国書房　昭22
『キリスト教の本質』　出隆訳（『世界大思想全集』）—— 河出書房　昭29
『キリスト教の本質』　出隆・大橋精夫訳（『世界思想教養全集・実証の思想』）河出書房新社　昭39
『キリスト教の本質』（改訳）上・下　船山信一訳（岩波文庫）—— 岩波書店　昭40
『将来の哲学の原理』　樫山欽四郎訳 —— 小石川書房　昭22
（『身体と霊魂、肉体と精神の二元論に背いて』を合わせ含む）
『将来の哲学の根本命題』　松村一人・和田楽訳（岩波文庫）—— 岩波書店　昭42
（『哲学改革のための暫定的命題』と『ヘーゲル哲学の批判』を合わせ含む）
『宗教の本質』　上・下　暉峻凌三訳（創元文庫）—— 創元社　昭28
『死と不死について』　伊藤武雄訳（『世界人生論全集』）—— 筑摩書房　昭38
『唯心論と唯物論』　船山信一訳（岩波文庫）—— 岩波書店　昭30
『唯心論と唯物論』　桝田啓三郎訳（角川文庫）—— 角川書店　昭37

●フォイエルバッハの生涯について

『フォイエルバッハ』　K・レビット・W・ボーリン著　斉藤信治・桑山政道訳 —— 福村出版　昭46

●フォイエルバッハの解説書

『フォイエルバッハ』　伊達四郎（西哲叢書）—— 弘文堂　昭14
『フォイエルバッハ』　城塚登（思想学説全書）—— 勁草書房　昭33
『フォイエルバッハの哲学』　ユージン＝カメンカ著　足立幸男訳 —— 紀伊国屋書店　昭53

●そのほかの参考文献

『唯一者とその所有』　上・下　スティルネル著　草間平作訳（岩波文庫）—— 岩波書店　昭4

『ドイツ・イデオロギー』　マルクス・エンゲルス著　古在由重訳（岩波文庫）――岩波書店　昭31
（大月書店の国民文庫にも真下信一訳がある）
『フォイエルバッハ論』　エンゲルス著　松村一人訳（岩波文庫）――岩波書店　昭35
（マルクスの『フォイエルバッハにかんするテーゼ』を含む）
（大月書店の国民文庫にも藤川覚・秋間実訳がある）
『フォイエルバッハと若きマルクス』　W・シュッフェンハウエル著　桑山政道訳――福村出版　昭48
『人間とは何か』　ブーバー著　児島洋訳――理想社　昭36
『ルートヴィッヒ・フォイエルバッハ』　バルト著　井上良雄訳（『世界思想教養全集』）河出書房新社　昭38
『ヘーゲルからニーチェへ』Ⅰ・Ⅱ　K・レヴィット著　柴田治三郎訳――岩波書店　昭27～28
『ウェーバーとマルクス』　K・レヴィット著　柴田治三郎・脇圭平・安藤英治訳――未来社　昭41
『人間存在の倫理』　K・レーヴィット著　佐々木一義訳――理想社　昭42
『ヘーゲルとヘーゲル左派』　K・レーヴィット著　麻生建訳――未来社　昭50
『一八四八年ドイツ革命史』　シュタ―デルマン著　大内宏一訳（歴史学叢書）――創文社　昭53
『近代ドイツ史』Ⅰ　ゴーロ＝マン著　上原和夫訳――みすず書房　昭48
『革命と反革命』　エンゲルス著　村田陽一訳（国民文庫）――大月書店　昭28
『ヘーゲルの生涯』　K・フィッシャー著　玉井茂・磯江景孜訳――勁草書房　昭46
『カール・マルクス――伝記』　H・ゲムコー編　坂井信義訳――大月書店　昭44
『人間の間と倫理』　宇都宮芳明――以文社　昭55

さくいん

【人名】

【事　項】

【書　名】

フォイエルバッハ■人と思想70　　定価はカバーに表示

1983年1月25日　第1刷発行©
2016年7月25日　新装版第1刷発行©

・著　者 ……………………………宇都宮芳明《うつのみやよしあき》
・発行者 ……………………………渡部　哲治
・印刷所 ……………………法規書籍印刷株式会社
・発行所 ……………………株式会社　清水書院

〒102-0072　東京都千代田区飯田橋3-11-6
Tel・03(5213)7151～7
振替口座・00130-3-5283
http://www.shimizushoin.co.jp

検印省略
落丁本・乱丁本は
おとりかえします。

CenturyBooks

Printed in Japan
ISBN978-4-389-42070-

Century Books

清水書院の〝センチュリーブックス〟発刊のことば

近年の科学技術の発達は、まことに目覚ましいものがあります。月世界への旅行も、近い将来のこととして、夢ではなくなりました。しかし、一方、人間性は疎外され、文化も、商品化されようとしていることも、否定できません。

いま、人間性の回復をはかり、先人の遺した偉大な文化を継承して、高貴な精神の城を守り、明日への創造に資することは、今世紀に生きる私たちの、重大な責務であると信じます。

私たちがここに、「センチュリーブックス」を刊行いたしますのは、人間形成期にある学生・生徒の諸君、職場にある若い世代に精神の糧を提供し、この責任の一端を果たしたいためであります。

ここに読者諸氏の豊かな人間性を讃えつつご愛読を願います。

一九六六年

清水 棟二

SHIMIZU SHOIN